CHANGE TON MONDE

Cédric Herrou

avec Marion Gachet Dieuzeide

et

Michel Henry

CHANGE TON MONDE

Préface de J.M.G. Le Clézio

Éditions Les Liens qui Libèrent

ISBN : 979-10-209-1060-8

L'Urgence à agir c'était hier

C'était quelques jours avant la parution de *Change ton monde*. Au matin du 3 octobre 2020, le réveil fut brutal. La veille, la pluie était tombée comme personne ne l'avait vue tomber. Les vieux cherchaient dans leurs plus profonds souvenirs, dans les plus anciens écrits et récits, la Roya n'avait jamais pris une telle ampleur. Avant cette nuit-là, la Roya était douce et pure, le gypse reflétait une lumière turquoise, la Roya source de désirs et de plaisirs, accueillant enfants et parents dans ses eaux glacées durant les derniers mois d'été. La Roya était notre alliée, notre amie, le sang abreuvant les cultures des paysans. Ce soir-là, elle nous a meurtris comme pour nous montrer à quel point la main de l'Homme pouvait l'endiabler.

La Roya est montée de sept à huit mètres au-dessus de ce que nous connaissions. Elle a emporté sur son passage les ponts, les maisons, un berger, des retraités, des amis, des frères, des brebis, des cochons. La Roya a englouti notre vallée sans pitié, nous lui faisions confiance mais elle a arraché la vie sans distinction, « si tu restes face à moi je te broie ». Le frère d'un ami a été retrouvé mort à 70 kilomètres de chez lui, dans la mer Méditerranée.

Nous pensions être protégés, loin des industries, de l'agriculture intensive, du tourisme de masse. Nous pensions être un monde dans le monde. Intouchable, inattaquable. Nous pensions que la déforestation en Amazonie, la pollution en Inde ou en Chine, les incendies en Grèce, la destruction des océans et des écosystèmes nous serait pour toujours étrangers, lointains. La Roya sauvage, la Roya authentique ne peut connaitre le réchauffement climatique ; elle en est l'antithèse même.

Mais l'onde de choc tape de façon inexpliquée, elle aurait pu toucher Madrid, Paris ou Calais, mais elle m'a touché moi, mes voisins, mes amis et ennemis, sans distinction elle nous a frappés.

Le matin je me lève de mon lit mouillé, les tuiles du toit s'étaient envolées, soulevées comme de simples feuilles de papier. Durant la nuit, la pluie a traversé la baraque de trente mètres carrés. Dans mes tympans résonnent encore le souffle du vent, le bruit des gouttes de pluie lourdes comme de la glace, le vacarme explosif des rochers de plusieurs tonnes frappant les strates verticales de calcaire du lit de la Roya. Une nuit de colère, de pleurs, de mort et de déchirure. Maintenant le jour s'est levé, il fait beau, « le calme après la tempête », le silence étouffe la douleur des vivants qui pleurent les disparus. Le mot « pourquoi ? » est coincé entre toutes les lèvres, mais n'ose pas en sortir. Cette nuit-là c'était la guerre, la guerre contre une nature que nous pensions être notre partenaire.

Nous sortions à peine de plusieurs années de lutte sans répit pour la décence, contre l'État. État Français qui considérait la Roya comme territoire d'exception, délaissé à la lutte contre l'immigration, loin de toute morale ou respect du droit, harcelant les habitants qui partageaient un repas chaud, un café ou une couverture. Rideaux tirés, les habitants cachaient leur hospitalité, menacés de cinq ans de prison ferme et de trente mille euros d'amende pour « Délit de Solidarité ».

J'avais vu des personnes en migration marcher le long des routes, la tête baissée, le pas déterminé, mais le regard extenué. Ce matin, c'est les Fontanais, Les Tendasques et les Breillois qui marchent de cette façon. Ces gens dits « de souche » ont tout perdu, leurs maisons, leurs voitures et pour certains un membre de la famille. Ils marchent la tête baissée sans trop savoir où aller, ils partent non pas par envie ni même par lâcheté mais par nécessité. Les ponts et les routes sont arrachés, les dégâts sont supérieurs aux bombardements d'août 1944. La nature est devenue hostile et intolérante à notre existence. Nous sommes les enfants illégitimes d'une nature qui ne nous supporte plus.

Je me souviens d'une solidarité stigmatisée, que l'État, la justice et les élus voulaient à tout prix faire cesser. Nous étions devenus « Militants pro-migrants » alors que nous militions contre l'indécence et la violence d'un racisme systémique. Cette solidarité a été écrasée ; il fallait qu'elle se taise car elle dénonçait les irrégularités de l'État français. Maintenant, depuis la tempête, notre solidarité auprès des sinistrés est mise en lumière afin de redorer l'Humanité, sans parler des causes de ce sinistre. Mais l'Humain est l'unique responsable et ne saura faire oublier sa responsabilité.

Comme après un bombardement, c'est le règne du silence. Pas de voiture, de réseaux téléphoniques, de courant électrique, silence radio. Nous attendons les hélicoptères mais rien, ni même les sirènes de pompier, juste le silence.

Nous étions seuls, livrés à nous même. Les mairies hurlaient à l'indifférence et à l'abandon. La Roya se sentait oubliée d'un monde qui voulait ne pas voir la nature se déchainer, ne pas voir les conséquences d'une consommation frénétique, ne pas entendre aux alertes de scientifiques sur le réchauffement climatique. Je pensais que la prise de conscience serait unanime et le constat évident : il faut reconstruire la Roya d'une façon exemplaire écologiquement ! Mais non. Voilà un an que la tempête est passée et que le béton coule pour que camions et voitures roulent sans prendre en considération les habitants qui demandent plus de trains, plus de logements dignes, plus de pistes cyclables. La volonté des habitants passe après les entreprises de travaux publics. La Roya est un cadavre que des corbeaux se partagent.

Quelques heures après ce réveil douloureux la question est posée : que doit-on faire ? Comment s'organiser pour que la solidarité puisse pallier au sentiment d'abandon ? Quel rôle notre communauté Emmaüs Roya doit-elle jouer dans cette nouvelle vallée ? Des nettoyages des berges aux remontages de murs en pierres sèches, les pieds dans la boue et les mains dans les poubelles, de chantiers en chantiers, nous cherchons des réponses. Elle finit par être évidente : Emmaüs Roya est déjà une réponse en soi. Une réponse à la crise climatique, à cette nature que l'on méprise et qui nous le renvoie. Une réponse à la montée de la haine et du racisme, à une société qui décide de se déchirer plutôt que de s'unir. Une réponse à la précarité, ces « précaires » qui sont les rebuts d'une société ultra-consumériste pitoyable, sur le déclin. La Roya est un monde dans le monde, Emmaüs Roya est un monde dans la Roya. Changer *le* monde, non, changer *son* monde, oui. Nous les précaires, les sans voix, les sans-papiers, nous les oubliés, nous continuerons non pas à nous battre mais à construire nos rêves d'un monde meilleur parce que pour nous le changement n'est pas une option, c'est une nécessité.

Préface

Un soir du printemps 2016, alors qu'il roule sur la route qui relie Vintimille à sa ferme de Breil-sur-Roya, Cédric Herrou croise une famille africaine qui marche sur le bas-côté. Un instant plus tard, revenu en arrière, il embarque ces gens dans sa voiture et les emmène chez lui, en attendant de les mettre dans un train. Dans leur regard, il peut lire la peur, l'attente, l'anxiété, mais aussi l'appel au secours, et, chez les enfants, la détermination, l'assurance de la jeunesse et l'expérience de la douleur. Ces regards lui vont droit au cœur et le lancent dans l'aventure qui sera désormais la cause et l'axe de son existence.

Lui qui n'a jusque-là pas fait grand-chose de sa vie, depuis son enfance dans le quartier populaire du nord de Nice où il est né – l'Ariane, qui n'a rien à voir avec les fusées spatiales, peut-être davantage avec le dédale féroce où règne le Minotaure, sorte de no man's land où ont été relégués les indésirables, les pauvres, les immigrés, les Gitans et aussi les vieux habitants du centre de Nice qui n'ont plus les moyens de vivre ailleurs –, lui qui est né mélangé, de parents bretons, italiens, et même d'une grand-mère allemande persécutée par les nazis, réticent aux études, enclin à la rêverie, à la recherche d'une vie idéale en voyageant en Afrique subsaharienne, mais peu enclin à adhérer à un parti politique, méfiant vis-à-vis de tout ce qui peut lui sembler une société fermée, un club de privilégiés, il décide de partir en guerre contre le système, non parce qu'il s'engage en politique, mais parce qu'il ne peut pas, épidermiquement, viscéralement, accepter que des êtres humains, parce qu'ils ont une couleur de peau différente, parce qu'ils viennent d'un pays économiquement faible, soient refoulés à la frontière par une pratique violente, raciste, injuste et de plus contraire à toutes les lois édictées par la Déclaration universelle des droits de l'homme et par l'Europe.

C'est bien d'une guerre qu'il s'agit : guerre contre l'indifférence, contre les mensonges de la classe politique qui utilise la peur de l'étranger et la menace terroriste, guerre contre la brutalité d'une partie des forces de l'ordre, contre les arrestations abusives, les gardes à vue humiliantes. Guerre contre ce que Cédric Herrou découvre au long de ses actions et qu'il appelle avec justesse le « racisme d'État » : contrôles au faciès, interpellations suivies d'expulsions, déni des règles européennes du droit à l'asile, mauvais traitements et insultes, tout ce qui fait de la célèbre Côte d'Azur une zone de non-droit et l'un des endroits les plus dangereux de France. Pour tous ceux qui ont connu la frontière italo-française avant les accords de Schengen, la mémoire est encore fraîche du temps où les migrants sans papiers, poursuivis par la maréchaussée, trouvaient leur fin dans le ravin qui surplombe Menton, appelé justement et tristement « le Pas de la mort ».

Cédric Herrou, après avoir essayé un peu tout – notamment le monde du bateau, mais il est allergique à tout uniforme –, découvre sa voie dans l'arrière-pays niçois, dans la vallée de la Roya, où il s'installe dans une ferme qu'il réhabilite et commence la culture des oliviers et l'élevage des poules. C'est ce refuge, loin du tapage de la côte, qui lui sert d'accueil pour les migrants en attente de passer la frontière. Le paradoxe, c'est qu'à Breil on est déjà en France, mais le tracé de la frontière est tel qu'on ne peut y accéder que par l'Italie, en remontant le fleuve depuis Vintimille, ou en contournant par l'ouest, par Sospel et la route des cols. La Roya, c'est la vallée abandonnée, dans tous les sens du terme : parce que difficile d'accès, et parce que sa situation en fait une poche de clandestins, piégés par la frontière du bord de mer et par les barrages que la police des frontières installe sur la route de montagne.

Le livre qu'on va lire est la chronique de ce combat, écrit en mélange de dramatique, de drolatique, de tendresse et de colère. Le choix du refuge n'est pas dû au hasard. La vallée de la Roya appartient à cette géographie de la révolte qui a toujours existé dans l'arrière-pays niçois. Autrefois, les habitants avaient résisté aux envahisseurs, s'étaient vêtus de chemises de sarrau pour proclamer leur liberté. Plus récemment, les habitants se sont organisés en un comité, Roya citoyenne, afin de venir en aide aux migrants en difficulté – comme les riverains de la frontière entre les États-Unis et le Mexique cherchent à secourir les migrants clandestins épuisés et déshydratés.

J'ai personnellement vécu pendant la guerre la force de caractère des gens des vallées, où ma mère, ma grand-mère, mon frère aîné et moi avons trouvé refuge quand les Allemands sont devenus menaçants à Nice. Nous avons été abrités jusqu'à la fin de la guerre dans la vallée de la Vésubie par des habitants de Roquebillière, qui prenaient des risques, puisque nous étions citoyens britanniques, comme les juifs ont été protégés par les habitants de Saint-Martin. Alors que le préfet Ribière organisait les rafles, nous avons survécu grâce à la générosité des habitants des villages de l'arrière-pays.

La situation des familles de migrants aujourd'hui est-elle différente ? Je ne le crois pas. Quels que soient sa couleur de peau, son pays d'origine, sa religion ou sa langue, un fugitif est toujours un fugitif, surtout lorsque la guerre est la raison de sa fuite. Demander l'asile (frapper à la porte pour qu'on vous ouvre) n'est pas un voyage d'agrément. C'est être arrivé aux extrémités, au point de non-retour, après avoir franchi des obstacles, avoir frôlé la mort, avoir été victime des racketeurs, des violeurs et des voleurs, avoir échappé aux assassins. Dans cette situation, être secouru n'est plus une option, c'est un droit absolu, comme le droit à la liberté, à la fraternité, à la vie. Est-ce si difficile à comprendre ?

Le récit de Cédric Herrou est passionnant, parce qu'il n'est pas seulement un récit. Il est au plus près de sa vie. Mener une action pour secourir les migrants clandestins, c'est s'exposer à la vindicte de l'État tout-puissant, qui dispose de l'autorité, de la force exécutoire, de l'appui de la majorité et même de l'opinion, trop souvent versatile et manipulée par les politiques. Cela signifie être harcelé, arrêté sans motif, menotté comme un délinquant, bousculé et malmené verbalement, enfermé dans ces locaux, honte de la démocratie française, que sont les cellules de garde à vue – promiscuité, saleté, lumière électrique jour et nuit comme un acte de torture. Cela signifie être traîné en justice, mis en accusation par des procureurs malveillants et dédaigneux pour des motifs mensongers appuyés par de faux témoignages (pédophilie, trafic de faux papiers, racket, outrage à agents de l'autorité). Cela signifie être sous la menace de représailles, être accusé d'être un passeur, un proxénète, un traître à la nation. Pour accepter tout cela, il faut être plus que courageux. Il faut faire preuve d'obstination, d'inflexibilité. Il faut savoir aussi, à l'occasion, se montrer humoriste. Lorsqu'on lui demande en public, lors d'une rencontre à Saint-Malo, pourquoi il s'est lancé dans cette aventure, Cédric Herrou répond simplement : « Si je ne l'avais pas fait, ma mère m'aurait disputé ! »

On serait tenté de dire que l'obstination de Cédric Herrou a fini par payer. On serait tenté de le croire, après tant de combats remportés, de condamnations annulées en appel et de sympathie gagnée auprès d'un plus large public. Surtout, après cette extraordinaire victoire du 6 juillet 2018, lorsque le Conseil constitutionnel proclame le principe de fraternité, qui autorise n'importe quel citoyen à venir en aide à un migrant en difficulté sans avoir à se soucier de son statut juridique ni à lui demander son identité. C'est en effet un grand pas franchi par la législation vers le droit à l'asile des migrants sans papiers, et c'est grâce à Cédric Herrou que ce droit est en progrès en France. On pense à la fameuse phrase de Martin Luther King : « Les hommes ont appris à nager comme des poissons, à voler comme des oiseaux, mais ils n'ont pas encore appris l'art tout simple de vivre ensemble comme des frères. »

Pourtant, il serait prématuré de penser que tout est résolu. La migration des peuples fuyant les pays en guerre (ou en état de famine, ce qui est une autre forme de guerre) n'a pas disparu pour autant. Ils continuent d'affluer, mais l'Europe, plus organisée, plus vindicative aussi, semble réussir à interrompre la route des migrants avant même qu'ils ne touchent aux frontières, en Italie, en Grèce, dans les pays de l'Est ou en Turquie. Les navires militaires sont utilisés en partie pour cette sinistre besogne, en Méditerranée comme dans l'océan Indien ou en Guyane. Les scènes tragiques auxquelles on pouvait assister au début des années 2010, quand les migrants menaçaient de se jeter à l'eau ou naufrageaient sur les côtes de la Sicile, n'ont plus lieu, mais, en amont de l'immigration, dans les pays où le trafic des humains est devenu monnaie courante, on assiste à des scènes plus tragiques encore dans lesquelles les migrants sont capturés, rançonnés, parfois violés ou assassinés, sans que le monde riche en soit affecté.

Le récit de Cédric Herrou se termine sur cette note pessimiste, mais le militantisme reste de mise. Nous ne pouvons pas ignorer ce qui se passe, regarder ailleurs. La rencontre des migrants avec l'association Emmaüs, fondée par l'abbé Pierre, permet d'espérer un sort meilleur, au moins pour ceux qui auront réussi la double épreuve du passage de la frontière et de l'accès à la demande d'asile. Il me plaît assez que l'action du vieux militant de la cause des déshérités des années 1950 connaisse ce renouveau, et, puisque l'on s'interroge sur la nécessité de renommer la salle de l'Assemblée nationale fâcheusement illustrée par le ministre Colbert, artisan de la traite, je proposerais volontiers qu'on lui donne le nom du plus vaillant de ses membres : l'ancien député connu sous le nom d'abbé Pierre.

Aider les autres, secourir ceux qui en ont besoin, ouvrir son cœur et ses bras, ce n'est pas une question de choix.

« Aidez-moi à aider », disait l'abbé Pierre. C'est le sens du combat de Cédric Herrou. À chaque temps son héros. Dans ce monde ruiné par la quête du profit, par l'indifférence et la haine, Cédric Herrou est notre héros.

J.M.G. Le Clézio,
Nice, 16 août 2020

1.

Primavera

La moto dévale la route sinueuse de la vallée. Sa trajectoire est semblable à une corde tendue. À plein régime, elle ronronne tel un vieux tracteur dont l'écho rebondit sur les falaises encaissées, couvertes de jeunes forêts de chênes blancs, de pins, de genêts et d'oliviers. Sur la façade de bâtiments décrépits aussi gris que la roche du lit de la Roya, on distingue à peine quelques lettres effacées : « Douanes. » Le passager a les poings serrés, agrippés à la veste du conducteur. Ils sont partis de la Roya, vallée dont les sommets encore recouverts de neige avoisinent les trois mille mètres d'altitude.

Ils ont traversé Breil-sur-Roya, où, contrairement aux cimes blanchies, les oliviers tiennent déjà du bout de leurs branches de petites grappes de fleurs blanches. Certaines commencent à s'ouvrir, laissant échapper une odeur douce et sucrée qui annonce une huile au goût d'amande, d'artichaut, d'herbe fraîchement coupée ou, selon la maturité, de foin séché. Cette belle vallée relie les sommets enneigés du bas du Piémont à la mer Méditerranée, la France à l'Italie. Deux territoires qui se partagent un même paysage, empruntent les mêmes chemins, boivent la même eau, cultivent la même terre selon les mêmes rites. La Lune, maîtresse des cultures, y a plus de pouvoir que les écritures.

La moto a passé depuis quelques kilomètres la frontière, ce no man's land où de vieilles bâtisses, italiennes comme françaises, témoignent d'une époque révolue. Elle longe toujours le fleuve de la Roya jusqu'à son embouchure à Vintimille, petite ville transalpine touristique connue pour son marché de contrebande, puis vire à l'ouest en direction de Menton. À une centaine de mètres de la frontière du bord de mer, la voix aiguë et soudaine du passager retentit :

– Fais gaffe, y a les flics !

Une centaine d'hommes à la peau couleur ébène sont installés sur les brise-lames, ces blocs de pierre destinés à casser les vagues. De part et d'autre de la route, des policiers italiens et français se dressent comme des statues, les bloquant dans une ambiance oppressante. Le conducteur croit distinguer des langues qui s'entremêlent : français, italien, anglais, arabe. Il reconnaît aussi des visages de sa vallée et leur demande ce qui se passe : les personnes à la peau d'ébène sont des « migrants » que ni l'Italie ni la France ne veulent. Ils se sont installés sur les rochers et menacent de se jeter à la mer si la police essaie de les déloger ; et ils ne savent pas nager. Sur le trottoir s'amassent des monticules de bouteilles d'eau et de produits de première nécessité. Un groupe électrogène alimente une enfilade de multiprises rechargeant des dizaines de portables.

C'est la première fois que le motard voit ce type de campement en Europe. Il croise le regard d'un jeune d'une vingtaine d'années. Une cicatrice sous l'œil droit, le blanc des yeux un peu jaune, il ne lui inspire pas spécialement confiance. Le jeune lui sourit. Mal à l'aise, le motard esquisse un vague hochement de tête et remet son casque. Quelques mètres plus loin, il est contrôlé par des policiers italiens qui prennent ses papiers en photo et lui demandent ce qu'il fait là.

– Rien.

– OK, buona giornata.

Quand le motard embraye, il se sent mal. Son passager semble peser une tonne. Des sentiments contradictoires naissent en lui, mélange d'empathie et d'incompréhension. Qui sont ces gens ? D'où viennent-ils, que fuient-ils ? Pourquoi ont-ils fait un voyage si périlleux pour s'échouer sur ces rochers ? Que veulent-ils, qu'attendent-ils ? Quels sont leurs projets, en ont-ils ?

À les voir comme ça, entassés, agglutinés, il ne distingue plus l'individu, il voit un groupe – et un groupe, ça fait forcément peur. Il n'arrive pas à penser ces hommes singulièrement, il les pense en masse, sous le nom commun et générique de « migrants ». Comment être empathique face à ces êtres agglomérés ? Toutes ces questions l'effraient. Il rentre chez lui, puis les oublie.

2.

Ma première fois

Un an plus tard, printemps 2016. Cette fois-ci, je ne suis pas à moto, mais dans ma fourgonnette C15, je remonte cette même route dans l'autre sens, de Vintimille à Breil-sur-Roya. Cette voie sinueuse, je la connais par cœur, et j'enfile les virages avec la mauvaise habitude de tenir une bière dans une main, une cigarette dans l'autre. Soudain, dans l'obscurité, j'entrevois des silhouettes qui marchent le long de la route. Interrompu dans mes rêveries, je donne un brusque coup de volant pour les éviter. Ma gorge se serre, j'écrase ma clope et continue ma route.

C'est jeudi soir, je viens comme chaque semaine de livrer mes œufs, ma pâte et mon huile d'olive à Nice. Voilà plusieurs années que j'ai trouvé des clients respectueux de l'agriculture, pas de simples commerçants « consommateurs ». Quand il y a une baisse de ponte à cause de la météo ou d'une attaque de renards, ils comprennent ; une semaine ils n'ont pas grand-chose, la suivante ça va mieux. Ce sont les aléas de la paysannerie.

Mais que font ces gens-là sur la route ? J'ai cru voir des gosses… La nuit est si obscure, ils n'ont pas de lampe, j'ai peur qu'ils se fassent écraser. Fait chier. Demi-tour. Revenu à leur hauteur, je distingue les deux enfants et leurs parents. Il doit être minuit. Leur peau est aussi sombre que la nuit mal éclairée par mes phares. Je leur propose de monter à l'arrière, au milieu des caisses d'œufs vides. Ils veulent rejoindre une gare. Mais à cette heure tardive il n'y a plus de train. Je les invite à venir chez moi et leur propose de les accompagner le lendemain.

Parvenu au bas du sentier escarpé qui mène à mon domicile, je sens qu'ils prennent peur. En contrebas, la Roya fait rouler ses flots vaguement menaçants. De l'autre côté, à flanc de montagne, la pente s'élève vite et on n'y distingue pratiquement rien à travers la végétation. C'est par là qu'il faut grimper. Pas très rassurant. Ce barbu aux lunettes rondes pourrait les kidnapper, les dépouiller ou pire, comme cela arrive bien souvent sur les chemins de l'exil…

Seuls les deux enfants paraissent en confiance, c'est ce qu'il y a de bien avec les gosses : pas besoin de parler, les regards suffisent. La mère a l'air exténuée et boite ; le père, grave, reste silencieux. Nous montons à la queue-leu-leu, j'ai un gamin dans les bras, le plus grand marche derrière à la lumière de ma lampe frontale.

J'ai acheté ce coin sauvage en 2002, tout défriché et retapé. Inutilisé depuis la guerre, le vaste terrain en pente était comme une jungle, la maison presque en ruine. Ici, j'ai relancé les oliviers et je soigne mes poules. Je suis heureux, loin de ce monde qui m'insupporte souvent. Voilà qu'il me rattrape.

Nous ingurgitons un repas en vitesse. L'homme se couche sur le canapé, la femme avec ses deux enfants sur un matelas jeté au sol, sous quelques couvertures. Je monte dans ma chambre sur la mezzanine, juste au-dessus d'eux, mal à l'aise, mais rassuré de ne plus les savoir sur le bord de la route. Après avoir moi-même fait des milliers de kilomètres en stop, je ne pouvais pas laisser des gens sur le bas-côté.

Le matin, je suis réveillé par une odeur de café, le matelas est rangé, les couvertures pliées, ils sont tous les quatre dehors sur la petite terrasse. Je me sers des quelques mots d'arabe appris durant mon voyage en Afrique pour leur dire que je vais acheter du pain. Un prétexte pour être seul cinq minutes et réfléchir.

3.

Persona non grata

Sur le chemin de la boulangerie, j'appelle Françoise Cotta, une amie mi-punk, mi-bourgeoise, excentrique et honnête. Avocate pénaliste réputée à Paris, elle a une maison à Breil, où elle séjourne régulièrement. Elle décroche et, sans aucune gêne, m'annonce que je la dérange. D'après elle, son franc-parler légendaire lui vient d'un accident cardiovasculaire subi voici quelques années; depuis, elle est sans filtre. Mais sa réponse fuse: elle m'aidera à les faire sortir de la vallée.

La petite famille pourrait sans problème prendre le train à la gare de Breil-sur-Roya, à cinq minutes de chez moi en voiture. Mais ce serait leur tendre un piège. À la gare suivante, celle de Sospel, les contrôles sont systématiques, et ils risquent d'être arrêtés puis renvoyés en Italie. Je repense à certains militants aperçus sur les rochers de Menton l'année passée: membres de l'association Roya citoyenne, ils essaient de mobiliser les habitants de la région pour distribuer des repas aux migrants bloqués à Vintimille ou héberger ceux qui s'égarent dans la vallée. Mais je préfère ne pas les appeler, de peur qu'ils ne me tannent pour participer à leurs actions et héberger plus de monde.

Point de passage « autorisé »

Quitter la Roya n'est pas facile, car depuis plusieurs mois on a vu sortir de terre des barrages policiers. La première fois, c'était au niveau du pont de Nice, au croisement de la route pour Sospel. Depuis le nid isolé sur les hauteurs où habite mon frère, on s'amusait à épier les gendarmes. Ils s'ennuyaient entre deux contrôles et jouaient à la guerre avec leurs fusils-mitrailleurs, comme des gosses. Ils arrêtaient chaque voiture pour demander ses papiers au conducteur. Mais les habitants de la vallée, pas du genre disciplinés, commencèrent à emprunter un autre chemin, en contrebas, pour les contourner. Quand les gendarmes comprirent, ils déplacèrent le barrage plus loin, à Sospel. Dans le jargon, ces checkpoints sont nommés PPA (point de passage autorisé). Enfin, « autorisé », c'est ironique. Le contrôle est ciblé et, pour eux, pragmatique : on n'exige les papiers que des personnes dont le faciès évoque une origine étrangère. Le coffre est ouvert, pas de recherche d'armes ni de drogue : seuls les « migrants » les intéressent.

Puis d'autres barrages ont été installés : au niveau de l'ancienne frontière du bord de mer à Menton, au péage de La Turbie sur l'autoroute A8 reliant Vintimille à Nice, dans les gares ferroviaires de Menton-Garavan, Breil et Sospel. Nous étions en train de vivre « le rétablissement des contrôles aux frontières » – ou comment ériger des barrières théoriquement disparues depuis des décennies. On avait déjà subi ce type de contrôles durant le G20 à Gênes en 2001, mais sans lendemain. On croyait que, en cet automne 2015, ce serait pareil. Erreur. Les barrages n'ont plus jamais bougé. Et ils furent utilisés contre nous, habitants de la Roya. Désormais, nous étions tous des passeurs en puissance.

Le premier PPA est apparu aux alentours du 10 novembre 2015, juste avant l'organisation à Paris de la COP 21, le grand rassemblement des géants de la planète censés prendre des mesures pour le climat. Ce barrage visait certains activistes perturbateurs, notamment allemands et italiens. Mais, après les attentats du 13 novembre au Bataclan et au Stade de France, la fermeture des frontières, qui ne devait durer que le temps de la COP 21, a été maintenue, officiellement pour lutter contre la menace terroriste. En réalité, ces checkpoints servent à empêcher les migrants d'entrer. La France préfère qu'ils restent bloqués de l'autre côté. Tant pis si l'Italie, qui reçoit alors des centaines de milliers de personnes après leur traversée de la Méditerranée, ne peut gérer cet afflux.

Sensation d'inachevé

Je retrouve la petite famille avec du pain frais, puis je m'occupe des poules et du potager. Quand je reviens vers midi, la femme semble heureuse de préparer le déjeuner pour ses enfants, une sorte de ratatouille niçoise façon soudanaise, avec du riz. Je leur fais remarquer avec humour que nous avons le même régime alimentaire. Les enfants ont l'air détendu, mais le père reste grave et anxieux. La mère est à l'aise, elle examine cette petite maison de campagne d'un air rieur. Elle ne pensait pas qu'en France les gens pouvaient vivre dans de telles habitations : une vieille bâtisse d'une trentaine de mètres carrés, accessible uniquement par un petit chemin pédestre, loin de tout. Elle est protégée par d'antiques tuiles marseillaises en terre cuite, le sol a été retapé d'un parquet en bois de mélèze, essence locale qui domine les sommets des montagnes. Des fils électriques courent dans l'angle des murs, alimentant deux ampoules et une prise. La cuisine se résume à une gazinière ; la salle de bain, équipée d'un chauffe-eau à bois, est séparée par un rideau du minuscule salon, qui sert aussi de bureau. Une fenêtre dont le vieux bois a été tordu par le temps sec laisse apparaître entre ses deux battants la lumière du jour.

Avec Françoise, nous avons prévu de les faire passer deux jours plus tard. La technique n'est pas très compliquée : une voiture devant ouvre, et une autre derrière charge. Si la voiture ouvreuse rencontre un contrôle, elle prévient la suiveuse, qui change de trajet. Le jour du départ, nous sommes tous un peu stressés, à part Françoise, excitée et confiante. Nous empruntons la vallée de la Bévéra pour éviter l'Italie. Dans la voiture, le silence règne. Ils ont peur, et moi je suis gêné par cette situation troublante qui m'oblige à cacher des gens pour qu'ils puissent fuir la vallée où j'aime vivre.

Nous les conduisons sans problème dans une gare au-delà de Nice. Françoise pleure quand ils montent dans le train. Ses larmes révèlent une fragilité que, dorénavant, elle ne pourra plus cacher. Quelque chose me trouble, une sensation d'inachevé : tant de stress et de logistique juste pour leur permettre d'avancer de moins d'une centaine de kilomètres, sans savoir ce qu'il adviendra d'eux ? Je ressens une émotion nouvelle, entre peur et dégoût, compassion et résilience. Un nœud dans la gorge m'empêche de trouver les mots. Mon corps se noie dans des larmes intérieures.

4.

Douter

Avoir hébergé cette petite famille me chamboula, alors que je ne l'aurais sans doute pas regardée si je l'avais vue auprès des « migrants » sur les rochers de Menton. Je continuais mon bonhomme de chemin. Quand je croisais des personnes remontant la Roya, je ne m'arrêtais pas. Les aider s'avérait trop compliqué, j'avais peur que ces émotions inconnues ressurgissent, et ça pouvait m'attirer de sacrées emmerdes.

Pourtant, ma jeunesse m'avait appris l'inverse. Je suis né dans un quartier niçois, l'Ariane, que l'on qualifie volontiers de « populaire ». Populaire non pas au sens du peuple dans son ensemble, mais du peuple à la marge de la société, parqué là en raison de sa classe sociale, de sa couleur de peau ou de ses origines. On dit quartier populaire pour ne pas dire ghetto de Noirs, d'Arabes ou de pauvres. Là, très tôt, j'ai appris à être indifférent à la différence. Nous étions « nous », les Black-Blanc-Beur. Ils étaient filles et fils d'immigrés, je l'étais aussi. Fier de mes amis, de leur famille, de leurs racines et de leurs histoires.

Quand j'avais sept ans, nous sommes devenus famille d'accueil. Ma mère travaillait pour la protection de l'enfance. Mes parents prenaient chez eux des enfants qui n'étaient pas les leurs. Ils nous ont appris à partager nos jouets, nos goûters, nos chambres, nos parents, nos vies. Ils m'ont inculqué la fraternité par le partage. Qu'ils soient d'ici ou d'ailleurs, ces enfants faisaient partie de notre famille, pour un temps ou pour toujours.

Hortense, on est allés la chercher à la pouponnière, elle avait quelques mois. Avec Morgan, nous l'avons aussitôt accueillie chaleureusement, comme des grands frères. Elle est restée jusqu'à ses vingt ans, et mes parents lui ont alors proposé de prendre notre nom. Elle est devenue ma sœur. J'ai grandi avec ces gamins en manque de sécurité, que leur foyer originel n'offrait pas. Ma mère m'a appris que l'adulte a un devoir de protection envers eux. C'était sa façon à elle de changer le monde.

Mais, à l'adolescence, la réalité du monde m'a éclaté aux yeux, ingérable. Afin de ne pas sombrer dans la colère, j'ai choisi l'exil des montagnes. M'éloigner du monde des « autres », celui des insensibles et des blasés, qui peuvent vivre sans états d'âme près de la misère, qui s'en protègent en la stigmatisant ou en la méprisant.

Mon refuge, la Roya, m'a coupé du monde. Pour vivre libre et heureux, il fallait vivre caché, loin de la réalité. Je suis venu dans la vallée pour réaliser mes désirs d'enfant : être un homme libre dans une cabane sur la montagne. À partir de là, j'ai vécu de ma terre. Malgré tout cela, je me demandais encore que faire en voyant ces gens démunis le long de la route, et je ne prenais pas les marcheurs en stop parce qu'ils étaient noirs ! Je nageais en pleine contradiction.

Afrique

À dix-neuf ans, en 1999, je suis parti plusieurs mois en Afrique, sans trop savoir pourquoi au départ. Peut-être s'agissait-il juste de fuir, de rencontrer d'autres cultures et de voir si elles étaient compatibles avec la mienne. J'ai pris ce voyage comme une marche initiatique qui me libérerait et me permettrait de rejoindre une part de ce moi oublié, perdu. À l'école, on n'apprend pas l'intuition, on la détruit. Je suis parti pour redécouvrir ces intuitions qui me conduisaient, petit, à trouver le monde des adultes vide, émotionnellement vide. J'y allais pour me faire enfin confiance, en acceptant de me tromper. Pour décider enfin par choix, et non selon le hasard.

Certains disent qu'il faut « faire confiance au destin », mais j'emmerde le destin ! Y croire, c'est croire en une toute-puissance, et ce n'est pas mon cas. La seule chose qui pourrait s'y apparenter, c'est la terre, créative et créatrice, mais si fragile qu'elle n'a rien d'une toute-puissance. Il n'y a que les paysans ou les jardiniers pour comprendre la fascination et le respect que j'ai pour elle.

Le destin est inerte, car déjà tracé. Croire en une destinée et en un chemin unique, c'est effacer son intuition, se rendre irresponsable. Je suis persuadé au contraire qu'il existe des milliers de chemins possibles. Plutôt que de destin, je parlerai d'intelligence profonde. Écouter son instinct ne mène pas forcément à des choses douces et simples. On peut se retrouver dans de grosses galères, à avancer à l'aveugle, comme je l'ai fait trop souvent dans ma vie. Mais, comme dirait Morgan, mon frère, « le confort endort ». Il lisse la vie.

J'ai traversé le Maroc et la Mauritanie jusqu'au Sénégal. Je voulais pousser jusqu'au Ghana, mais la précarité m'avait épuisé. On m'a piqué mon argent et mon passeport à Dakar, et ma grand-mère, dont j'étais très proche, était décédée en mon absence. Je suis rentré précipitamment en France à l'automne 1999. Un choc. Je retrouvais mes vieux potes de Levens, une petite commune au-dessus de Nice où mes parents avaient déménagé après l'Ariane. Rien n'avait changé : assis sur les bancs du jardin public, je reprenais les discussions là où je les avais laissées. Pour eux, le temps s'était figé, alors que pour moi tout s'était accéléré.

Rêves de cabane

Comme je ne voulais pas rester en France, j'ai acheté une Mercedes 300 break en Allemagne. Mon but : repartir en Afrique. En attendant, je dormais dans la bagnole. Fêtard sans limite, je brûlais mes économies en teufs et en haschich, cherchant le plaisir immédiat tous les soirs dans des bars ou chez des potes. Puis, une nuit de pluie, ma voiture percuta un parapet : pare-brise fissuré et capot défoncé, mon projet africain était compromis. Je continuais à dormir dans cette épave roulante, au bout d'une piste forestière, par moins dix degrés.

Pour vivre, je travaillais comme mécanicien en intérim, mais je changeais régulièrement de poste, au fil de mes démissions impulsives déclenchées par les réflexions désobligeantes d'un chef. Je ne supportais ni l'autorité ni l'injustice, et je n'étais pas fait pour être salarié. J'ai testé saisonnier sur des voiliers (accastillage, gréement), mais le milieu du nautisme ne me convenait pas à cause de ce faux copinage à entretenir pour trouver du travail. J'ai alterné plein de boulots, allant de travaux acrobatiques sur corde

– au bluff complet, embauché avec un faux CV – à la taille d'oliviers au black.

Un peu paumé, j'avais envie d'un morceau de campagne pour exprimer mes rêves de gosse : construire des cabanes, avoir des poules, des chiens, des chats. Je devais me recentrer sur ces rêves, créer mon petit monde. Mais où me poser ? Partout où j'allais, je guettais le moindre terrain abandonné pouvant dissimuler une bâtisse en ruine. À quelques kilomètres de Breil-sur-Roya, un copain, Yvan, qui avait retapé une vieille oliveraie, me montra l'autre versant, où il avait pensé s'installer. Un terrain isolé, pas trop raide, avec une végétation abondante et quelques cimes d'olivier séchées qui dépassaient, vestiges d'une agriculture ancienne.

Jungle

Pour à peine dix mille francs, j'ai acquis ce petit bout de forêt impénétrable : chênes, arbousiers, sumacs, buis, et des genêts par centaines. Les Breillois ont dû se moquer de ce jeune de vingt-trois ans qui achetait une terre sans aucune valeur ! Tout était à l'abandon depuis l'avant-guerre. Certains utilisaient cette jungle à leur guise, comme ces chasseurs qui tiraient juste à côté de la tente où, avec ma copine Inger, on dormait au début, faute de mieux. Il a fallu gueuler plus fort qu'eux, mais j'avais appris à le faire dans ma cité, et dans la Roya ça marchait comme dans les banlieues : pas la peine de se taper dessus, tu grognes un peu pour montrer que tu n'as pas peur, et ça se tasse.

Je travaillais la semaine comme mécanicien à Nice, et le vendredi soir je montais avec Inger, faucille en main, pour combattre la forêt jusqu'au dimanche soir, aidé par mon frère et des copains. En moins d'un an, le terrain d'un hectare fut débroussaillé, les oliviers taillés jusqu'aux pieds. Il fallait patienter cinq à dix ans avant d'obtenir des arbres vigoureux qui donnent des fruits, mais où trouver de l'eau ? Des droits d'eau figuraient bien sur l'acte notarié, mais les associations qui géraient les deux canaux d'irrigation, dont l'un crachait des gerbes d'eau à ne plus savoir qu'en faire, refusaient de me brancher. J'avais prévenu :

– Un jour, ce canal ne fonctionnera plus s'il n'y a pas des jeunes qui vous aident.

Mais ils n'ont pas voulu. Aujourd'hui, un de ces canaux ne marche plus.

Faute de raccordement, on a porté des bidons d'eau sur notre dos, jusqu'à ce que je trouve une source à plusieurs centaines de mètres en contrebas. Mais comment monter l'eau sans électricité ? Un ami m'a appris le système de pompe dit « bélier », créé en 1792 par Joseph Montgolfier, l'inventeur de la montgolfière. On utilise le relief pour créer une chute, on stoppe le courant brutalement, ce qui engendre une surpression, laquelle fait monter l'eau à plus de cinquante mètres. Sans pétrole ni électricité. Simple et magique ! J'adorais.

Un an après l'achat du terrain, j'étais définitivement installé sur ces restanques verdoyantes que les Breillois avaient abandonnées pour donner à leurs enfants un avenir plus sûr. À une époque, les parents plantaient des oliviers pour leur progéniture, mais le temps était désormais à les vendre pour leur payer un futur. À Breil, un enfant qui a réussi est un enfant qui est parti. Puis les hippies, les bobos et les néoruraux ont débarqué, prétendant vivre sur ces terres abandonnées. Une « invasion » vécue par les locaux comme une provocation, voire une insulte.

Grâce à l'agriculture biologique et aux associations militantes, des petits paysans ont pu s'installer, au point que la majorité des agriculteurs de la vallée sont désormais des néoruraux. Mais la distinction entre « locaux » et « babs » persiste. Je savais dès le début que je ne pourrais jamais être vraiment intégré. Pas besoin de débarquer du Soudan ou d'Érythrée pour être considéré comme un étranger à Breil. Et voilà que j'hésitais à porter secours à d'autres « étrangers » remontant la route.

5.

L'église San Antonio

Voir marcher ces gens dérangeait mon petit ego et me mettait face à mes incohérences. Je ne pouvais plus rester inerte, je devais m'impliquer, quitte à perdre ma liberté. Personne ne pouvait accepter cela. Les hommes, passe encore : ils avaient vingt-cinq ans, ils pouvaient se débrouiller et crapahuter vingt kilomètres à pied. En revanche, les enfants, les femmes, les êtres fragiles, je devais les aider, pas forcément les héberger, mais au moins les conduire en gare pour qu'ils puissent avancer. En temps normal, j'étais un solitaire sur son pan de montagne. C'était terminé, mon silence m'avait rendu complice trop longtemps.

Le déclic se produisit sur un hasard. En pleine journée, en allant chercher du grain pour mes poules à Vintimille, je croisai une famille marchant le long de la route. Je me dis : « S'ils sont encore là quand je remonte, je m'arrête. »

À cette époque, nous, habitants de la Roya, pensions qu'aider des migrants était totalement interdit. Surtout si l'on considérait notre proximité avec la frontière. Notre combat prouva le contraire quatre ans plus tard.

En remontant côté français, je les rattrapai et leur proposai de les emmener. Ils acceptèrent en montrant d'un signe de la main le haut de la vallée :

– Paris ?

– Non, Breil-sur-Roya ! Train first, after Paris.

– OK !

Le gars, l'air plutôt sympa, grimpa à l'avant ; la maman, à l'arrière de la fourgonnette avec les deux enfants, resta silencieuse. Je les conduisis en gare de Breil, nous échangeâmes nos numéros de téléphone. Ça ne changerait pas la face du monde, mais c'était ce qu'ils voulaient.

Le surlendemain, je reçus un appel du monsieur. Je lui demandai :

– Vous êtes bien arrivés à Paris ?

– No, in Ventimiglia !

– Where ?

– In the church in Ventimiglia !

Pris au dépourvu, je m'exclamai :

– OK, I'm coming !

Merde. Pourquoi lui avais-je dit ça ? Est-ce que j'irais vraiment ? Une fois là-bas, qu'est-ce que je pourrais faire ? J'attrapai ma veste en cuir abîmée, enfilai mes chaussures de montagne et dévalai le raide chemin jusqu'à mon C15.

Risques inutiles

J'avais déjà entendu parler de cette église à Vintimille qui ouvrait ses portes aux réfugiés depuis des mois, surtout pour mettre à l'abri les femmes, les enfants et les familles. Arrivé devant la grille, fermée à clef, je fis un signe de la main à un gars qui se mit à la recherche d'un homme blanc, un Italien.

À travers le portail, j'apercevais la petite famille qui me souriait. L'Italien les laissa sortir.

Dans un anglais approximatif, les parents m'expliquèrent leur mésaventure : interpellés dans le train en gare de Sospel, ils avaient été conduits au commissariat de Menton pour la nuit, sans boire ni manger, puis livrés à la police italienne au pont Saint-Louis. De là, ils avaient marché jusqu'à Vintimille.

Ils voulaient rejoindre Paris pour demander des papiers, car chez eux c'était la guerre. Pourquoi ne pouvaient-ils pas le faire à la frontière ? Ce serait plus simple.

Caravane

L'Italien me proposa de visiter l'église. Le lieu d'accueil se trouvait dans un demi-sous-sol : une belle cuisine tout en inox, deux grandes pièces servant de dortoirs, une pour les femmes et les familles, l'autre pour les enfants seuls. J'avais le cœur serré face aux lits superposés, séparés par des couvertures suspendues pour donner une impression d'intimité. Entre le regard des parents désemparés et les enfants qui couraient partout en criant, je me sentais comme un voyeur. Mais je voulais comprendre. Combien de temps les gens restaient-ils là ?

– Juste le temps de passer en France, me répondit l'Italien. La plupart y arrivent après plusieurs tentatives. Mais certaines familles sont séparées pendant les arrestations. Et les jeunes adolescents prennent beaucoup de risques : ils longent l'autoroute à pied, se cachent dans les trains, entre les wagons, sur le toit ou dans les armoires électriques. Ils empruntent de nuit de dangereux chemins de montagne. Si certaines familles aisées ont les moyens de payer leur passeur, ce n'est pas le cas de la plupart, et de jeunes adolescentes doivent se prostituer pour y parvenir.

J'étais glacé et écœuré. Pourquoi les contraindre à de tels risques ? Pourquoi les obliger à la clandestinité pour ensuite les régulariser ? J'étais de nouveau sous l'emprise de cette émotion inconnue, cette culpabilité d'avoir été inattentif et lointain à ce qui se passait dans ma vallée. Mon corps s'engourdissait comme si mes larmes l'emplissaient de douleur. J'avais peur, peur de moi, des autres, de cette église, peur des gendarmes, peur de ce que je voyais et de cette intuition qui me forçait à voir ce que je n'avais pas envie de voir. Ces questions me rendaient fou.

Je restai silencieux un instant, puis me laissai porter par cet instinct qui me poussait à surmonter mes peurs : prenant mon courage à deux mains, je proposai à la famille de les conduire chez moi. Ensuite, je demanderais conseil à Roya citoyenne. Cette décision me mettait en danger, puisqu'il était interdit de transporter des personnes sans papiers, même si, plus tard, elles pouvaient être régularisées. Je ne cherchais pas à sauver les gens, juste à considérer l'individu comme une personne à part entière.

Un instant plus tard, la famille était prête, avec juste deux petits sacs à dos de quelques kilos. Ils avaient retrouvé le sourire, leurs yeux brillaient. L'Italien se raidit, me regardant d'un air suspicieux :

– Mais qu'est-ce que tu fais ?

– Rien, on va juste manger en ville.

Il savait que je mentais, mais nous laissa partir. Nous arrivâmes à Breil sans difficulté. Quelques semaines auparavant, j'avais acheté une caravane pour héberger des WWOOFeurs, ces bénévoles qui aident les exploitants agricoles. Mon frère, qui utilise régulièrement l'hélicoptère pour monter des matériaux de construction dans sa maison perchée, m'avait mis en contact avec le prestataire pour l'hélitreuiller. Les membres de cette famille furent mes premiers hôtes.

6.

La Roya sacrifiée

À cette époque, j'ignorais tout du droit d'asile, de l'Érythrée ou encore du Soudan. La Libye, je connaissais grâce à Sarkozy et à son cher ami Kadhafi, mais sans plus. Je ne suis pas historien ni géographe, encore moins politicien, mais je vivais dans cette vallée depuis treize ans, et voir ces frontières renaître de leurs cendres m'interrogeait. Comment la libre circulation des personnes pouvait-elle être ainsi entravée dans l'espace Schengen ? Pourquoi la France restait-elle insensible au sort de ces gens ? La gestion étatique de cette situation me semblait irresponsable. Comment pouvaient-ils, depuis Paris, décider que la Roya serait sacrifiée, et ces migrants abandonnés ?

Pour notre vallée, cette fermeture brutale a constitué un choc et une agression. Depuis toujours, la Roya était un lieu de passage où l'on se contrefichait des frontières. Pour certaines personnes, venues du sud de l'Europe et en général à la peau noire, ce n'était subitement plus possible.

Le plus fou, c'est que, pour des raisons pratiques, les contrôles ont été rétablis à l'extérieur de la vallée, comme si la Roya ne se trouvait pas en France. Résultat ? Il est très facile de se rendre de Vintimille à Breil sans être contrôlé. En revanche, aller de Breil à Nice représente une tout autre histoire. Une fois qu'on y est entré, la Roya est une nasse d'où il est quasiment impossible de s'extirper.

Je ne parvenais pas à oublier le regard de ces gamins dans l'église. Les mots de cet Italien résonnaient en moi : familles séparées, enfants marchant à contresens sur l'autoroute, filles violées dans les voitures de leurs passeurs. Ma tête brûlait. Comment éviter que ces gamins risquent leur vie ? Il n'était plus acceptable de se dire que tout allait bien pendant que des gamines de quinze ans « acceptaient » de se faire violer pour arriver jusqu'à Nice ou Marseille. Impossible de traiter les enfants comme ça.

Les semaines passaient, ma tête brûlait toujours. Jusqu'où m'engager ? Quels risques prendre ? En général, je gère mes envies et mes projets comme mes amours, avec passion et persévérance, ce qui constitue autant une qualité qu'un défaut. Si j'y vais, j'y vais à fond. Et là, totalement indécis, je n'arrivais pas à prendre de décision définitive. Si j'avais su qu'héberger ces deux petites familles me jetterait dans un tel trouble…

Désobéir

À l'origine, je n'ai rien d'un militant. Je ne vais jamais dans les manifs, la foule m'angoisse. Jusque-là, ma seule manif avait été en 2002, contre la présence de Jean-Marie Le Pen au second tour de la présidentielle. En 2015, Suzel Prio, de l'association Roya citoyenne, m'avait demandé d'héberger des gars, mais je n'avais pas eu envie. Il m'était arrivé d'aider des Tunisiens déboulés en Europe à la suite du « printemps arabe », mais sans réflexion politique. Je trouvais le côté militant aigri et pas marrant. Je préférais les aspects plus festifs de la vie et n'étais pas assez amoureux de l'humanité pour prétendre la sauver.

D'une certaine façon, malgré mon côté anar, je faisais confiance à l'État, comme beaucoup. Mais il a instauré un jeu de l'oie cynique qui oblige les gens à se mettre en danger. La règle ? Il faut souffrir pour entrer en France, voire risquer la mort. Face à ce calcul morbide, on doit désobéir, par respect pour la vie. Cela peut effrayer quand on ne connaît pas les exilés, et les voir sur les rochers à Menton m'a inquiété. Face à ce genre de situation, plusieurs choix s'offrent à nous. On milite et on se sent mieux ; on met des œillères, comme j'ai pu le faire au début ; ou on les rejette comme des ennemis, des envahisseurs, des dangers.

Si ces gens nous ressemblaient, il y aurait plus d'empathie. Là, elle s'avère difficile : ils ne partagent ni notre langue ni notre culture ; impossible de s'identifier à eux tant qu'on ne les a pas rencontrés. C'est comme pour les SDF. Qui leur parle ? Peu de monde. Mais j'imagine de petites filles blondes aux yeux bleus errant à pied dans la Roya, sans leurs parents. Comment la justice pourrait-elle condamner une personne qui porte assistance à ces « Boucle d'or » ? Elle incriminerait plutôt le salaud qui ne s'arrête pas.

Quand des droits sont bafoués, le citoyen doit s'opposer. La démocratie ne consiste pas seulement à déléguer le pouvoir à des représentants. L'intuition qui m'anime depuis que je suis gosse, qui m'a poussé à traverser une partie de l'Afrique et à vivre au milieu des oliviers, me disait d'y aller tête baissée. Plus qu'une intuition, une conviction. Ça allait être dur, mais ça devenait de plus en plus clair. La peur qui jusqu'alors m'empêchait de voir devenait mon moteur.

7.

Ma « mission »

Mai 2016. Le genêt est toujours en fleur, l'arbre à perruques aussi. Lors d'une fête à Breil-sur-Roya, je rencontrai Lucile. Vingt-cinq ans, des dreadlocks blondes soignées, une banane autour de la taille et de grosses chaussures de randonnée, elle était vive et spontanée, parlant avec un fort accent de l'Est. Elle cherchait à être bénévole pour aider les personnes bloquées à la frontière. Je lui proposai de poser sa tente chez moi pendant quelques jours. À cette occasion, je lui demandai de m'aider à vider le fumier du poulailler. C'était une femme solitaire et autonome, mais très sociable. Lucile resta quelques jours, le temps pour moi de lui confier mes états d'âme. Elle proposa de m'aider si je me décidais à héberger. Puis elle partit pour donner un coup de main dans un squat ouvert par de jeunes No Borders à Vintimille. J'étais de nouveau seul face à mes doutes.

Je me rapprochai de Roya citoyenne, qui avait plus que jamais besoin d'aide. Je descendis avec d'autres distribuer de la nourriture à Vintimille, mais la police nous délogea, et on dut jeter une centaine de kilos de salade de riz. Quelques mois plus tard, en août 2016, le maire de Vintimille interdirait la distribution en prétextant le manque d'hygiène et en prétendant que le camp de la Croix-Rouge suffisait à nourrir toutes les personnes en détresse. Pourtant, ce centre ne disposait que de trois cent soixante places, et des milliers de personnes zonaient sous le pont de l'autoroute… Les associations leur distribuaient des casse-croûte dans des sacs en plastique, comme des dealers vendant leur shit à la sauvette.

Même si j'en avais envie, je ne voyais pas comment aider. Je n'aimais pas la façon dont je le faisais et n'y prenais aucun plaisir. Quelles solutions durables proposer ? Comme mes doutes subsistaient, je décidai de retourner à leur origine : l'église de Vintimille.

Le temps s'y écoulait lentement. Dehors on courait, à l'intérieur c'était plus tranquille, les occupants étaient nourris et protégés. J'aperçus de loin Don Rito, le prêtre de la paroisse. Il ne m'inspirait pas confiance, je ne sais pas trop pour quelle raison – peut-être ce qui émanait de lui, peut-être le simple fait que je n'aie aucune confiance dans les curés en général. Je me disais qu'il devait agir ainsi par obligation ou bonne conscience chrétienne, mais qu'il pourrait être la parfaite balance pour des flics traquant les solidaires. J'avais tort, je m'en rendrais compte plus tard.

Je proposai à une famille érythréenne de les héberger puis de chercher une solution. Ma décision était prise, ma mission serait la plus efficace, mais aussi la plus risquée : les faire passer. Je prendrai les plus vulnérables, enfants, adolescentes, familles, handicapés. Je contacterai des associations pour que d'autres prennent le relais jusqu'en Suisse, en Allemagne, en Belgique ou en France. Mon but ne serait pas de les aider à passer une frontière, mais de leur éviter de prendre des risques.

Simple comme Hubert

À cette époque, Hubert Jourdan était le seul dans les Alpes-Maritimes à revendiquer publiquement d'accueillir des personnes en migration chez lui, depuis de nombreuses années. Dans la Roya, les rares qui hébergeaient restaient discrets, rideaux tirés, et ils évitaient d'en parler au téléphone. Hubert, lui, se foutait des risques.

– Comment doit-on s'organiser pour héberger ? lui demandai-je.

– Quand tu héberges ta cousine, ta nièce, ton pote ou ton voisin, comment tu fais ? Eh ben là, tu fais pareil ! me répondit-il avec simplicité.

De loin la meilleure réponse que j'aie pu recevoir sur l'organisation de l'accueil.

Hubert avait soixante ans passés, il avait travaillé pendant deux ans auprès de l'abbé Pierre, plus de quarante ans plus tôt – mais ça, je l'ai su bien après. Il avait aussi exercé dans des camps humanitaires à l'étranger, notamment en Afghanistan, pour de grosses ONG. À Nice, avec d'autres, il ouvrait des squats, interpellait la préfecture, organisait l'hébergement citoyen. Il désespérait de devoir appeler tout son répertoire pour trouver un Niçois qui accepterait d'accueillir « une jeune femme et son bébé de six mois ». Plutôt que de batailler, il avait ouvert sa baraque, à La Colle-sur-Loup, pour héberger tous ceux dont personne ne voulait. Fils d'un procureur de la République, il avait été élevé dans le respect des lois et du droit. Pour lui, ses actions constituaient une lutte contre l'injustice, respectant la morale que son père lui avait inculquée et la justice fondamentale, même si ce n'était pas forcément celle des hommes.

Dès le printemps 2016, je lui rendis visite pour lui demander conseil sur l'accueil. À cette époque, il hébergeait quotidiennement entre dix et trente personnes, tout en travaillant à Habitat & Citoyenneté. Cette association cherche des solutions pour les familles dormant dans la rue. Elle exécute les démarches administratives pour les sans-abri et gère une épicerie solidaire. Hubert vit jour et nuit pour lutter contre la précarité. J'aime bien passer du temps avec lui : tout devient simple, c'est un pragmatique, comme moi.

Je retrouvai par hasard Lucile à Menton. Le squat en Italie avait été évacué, elle devait passer en procès et elle y était interdite de séjour. Je lui proposai de me rejoindre et d'ouvrir avec moi le premier « Camping international de la Roya ». Elle accepta. Je me doutais que tout cela ne durerait pas : un jour ou l'autre, on m'arrêterait en flagrant délit de passage de frontière, et je finirais peut-être en taule.

8.

Petit Bouddha

Le gamin m'observe, le sourire figé. Depuis son arrivée, il n'a pas lâché un mot. On dirait un petit Bouddha. Son sourire discret forme comme un miroir ou un bouclier sur lequel rebondissent les déboires de la vie. Ses yeux sont armés de larmes, une dans chaque œil, accrochée sans jamais couler. Il ressemble à un Indien, les cheveux raides et noirs, avec de grands yeux en amande et des lèvres fines et délicates. Son regard m'a convaincu de prendre sa famille plutôt qu'une autre.

Le gamin scrute les quatre cents poussins qui viennent d'arriver dans de petites boîtes en carton pour renouveler les vieilles poules pondeuses. Je les installe dans une poussinière. La lampe chauffe, ils piaillent si fort que je porte un casque anti-bruit. C'est le temps de l'observation : ont-ils faim ou soif, froid ou chaud ? Ils sont si fragiles les premiers jours, il suffirait d'un gros coup de vent mêlé à une pluie froide pour les retrouver les deux pattes en l'air. Je leur parle pour qu'ils s'habituent à ma voix, je m'amuse à produire de drôles de bruits pour qu'ils se taisent. Après trois semaines, ils n'ont plus rien à craindre. Comme ce petit gamin, à l'abri chez moi, qui me suit partout. Je n'arrive pas à savoir s'il est triste ou heureux, ou les deux en même temps.

Alors que la ferme continue à tourner, le Camping international sort doucement de terre. Une deuxième caravane a été hélitreuillée sur le terrain. Avec Lucile, nous avons récupéré des tentes et des couvertures à droite et à gauche. Les gens viennent, s'installent quelques jours, puis repartent. Je ne sais rien d'eux, car je préfère ne pas les déranger avec mes questions. Je pressens leurs épreuves : la traversée du Sahara, l'enfer de la Libye, le voyage à travers la Méditerranée comme une loterie macabre, avec des proches qui se perdent ou succombent, des tragédies en pagaille... Tous sont des survivants pour qui arriver jusque chez moi représente déjà un exploit. Je leur offre quelques moments de répit avant qu'ils n'affrontent à nouveau la violence et les incertitudes de l'errance.

9.

Fête

En 2016, je venais d'arrêter la Fête de l'olive, que j'organisais depuis 2006 sur la place du village de Libre, un hameau de Breil. Avec mon frère Morgan, on l'avait lancée pour célébrer ensemble la grande récolte. Je trouvais très surprenant que dans la Roya, pays de l'olivier, ce genre de festivité n'existe pas encore. Comme je crois beaucoup à la nécessité de créer des prétextes pour que les gens se retrouvent, on a invité le village à partager un repas. Morgan a sacrifié un chevreau qu'on a tourné sur une broche, il y avait la musique – un vrai balèti à l'occitane.

Au début, on y a surtout vu nos amis. Puis l'événement s'est répétée chaque année sur un week-end, prenant de plus en plus d'ampleur. À la fin, on y croisait plus de six cents personnes, avec des concerts de 19 heures à 3 heures du matin : punk, jazz, ska, rock, électro… Beaucoup attendaient avec impatience cette fête autogérée qui symbolisait la paysannerie, une autre façon de produire et de consommer. Nous n'avons jamais réussi à intégrer les locaux, sauf quelques-uns. Ils avaient toujours l'impression d'être envahis et cherchaient toutes les excuses pour nous décourager.

Nous étions trois organisateurs. Des dizaines de bénévoles s'occupaient spontanément du bar, de la caisse et du nettoyage. Chacun connaissait sa tâche, sauf la mairie, qui refusait de nous apporter les tables et les chaises de la commune et traînait pour nous donner les autorisations. Mais on avait les gendarmes avec nous, et cela créa de bonnes relations qui nous serviraient plus tard dans la gestion des personnes en exil.

– Malgré les réticences de Monsieur le maire, votre fête est exemplaire, nous disaient les gendarmes. Depuis qu'elle existe, nous n'avons eu aucune bagarre ni aucun accident, contrairement aux fêtes traditionnelles de la vallée. Et vous êtes les seuls à nous tenir informés de l'organisation !

On avait créé une association, Aux arbres !, autofinancée et sans subventions. Nous voulions être indépendants, ce qui s'avère très compliqué quand le budget avoisine les dix mille euros. On a trouvé une bonne idée : la bière. Le bar, c'est la clé de la réussite. Achetés en Allemagne, des fûts de pression étaient revendus à d'autres associations pour des événements. Je passai mes week-ends à livrer des festivals et des concerts. Un sacré boulot ! Il fallait arriver avant le début, les tireuses à bière prêtes à fonctionner, décharger les dizaines de fûts à la main, organiser le bar, puis attendre la fin pour recharger le camion, rentrer dans la Roya et décharger dans le local de l'association. Souvent, je rentrais chez moi au petit matin.

Je tins ce rythme frénétique pendant quelques années. En 2016, j'arrêtai tout, fatigué de me battre constamment contre la mairie, contre les voisins qui râlaient à cause du bruit, contre les associations qui mettaient des mois à nous payer la bière. Cette activité bénévole mangeait mon temps et mon travail de paysan, le monde associatif me fatiguait, je voulais vivre comme tout le monde : arriver dans les fêtes les mains dans les poches et profiter pleinement.

Arrêter cette fête, qui était un peu mon bébé, a été très compliqué pour moi. Après l'avoir vue naître et grandir, je la faisais mourir. Mais, une fois la décision prise, je me suis senti libéré. Sans savoir que j'allais bientôt me lancer dans une autre aventure collective. L'avantage était d'avoir appris sur le tas à gérer durant dix ans six cents personnes : les endroits où elles vont pisser, dormir, manger, boire – toutes questions auxquelles je serais bientôt confronté.

10.

Animal

Été 2016. J'ai dû faire passer une trentaine de personnes en un mois, mes émotions ont changé. Quand je descends à Vintimille, je suis comme un animal. J'observe. Les gens, les voitures, les flics, les passeurs. À l'église, je suis connu comme le loup blanc. J'ai de plus en plus de mal à choisir qui prendre, j'essaie d'être le plus pragmatique possible. Ne pas tomber dans l'affect. Choisir qui en a le plus besoin. Je profite de la distraction créée par les maraudeurs qui distribuent les pique-niques à la sauvette dans des sacs plastique. Quand ils sont là, ils occupent les flics.

Dans l'église, il y a de plus en plus de monde, je tente de persuader les gamins trop pressés de m'attendre. Mais ils veulent passer le plus vite possible, quitte à marcher le long de l'autoroute. Alors que je charge des familles dans mon C15, une vieille Italienne m'alpague en m'injuriant, m'accusant d'être responsable de ce qui se passe dans sa rue. Je lui réponds que nous nous sentons tous deux concernés, mais que nous ne proposons pas la même solution : moi je les sors de Vintimille, de chez elle, alors qu'elle se contente de les insulter.

Les familles me craignent, je suis froid et distant, comme un animal sauvage qui ne peut être arrêté dans son élan. Les passeurs de Vintimille me regardent de travers, mais ne disent rien. Maintenant, je pleure systématiquement en remontant, je ne supporte plus l'odeur de la peur. Je n'en peux plus d'entasser des gens, de voir l'incompréhension dans le regard des enfants quand je les cache sous une couverture, de sentir l'angoisse des parents.

Comment expliquer à un enfant que sa couleur de peau doit être dissimulée ? Que le pays dans lequel il grandira et construira ses amours, sa profession, sa famille, n'a pas voulu de lui à cause de sa couleur de peau ? Dans la Roya, l'État terrorise.

Racisme d'État

Quand, plus tard, je dénoncerai sur Europe 1 ce « racisme d'État » et cette « chasse aux Noirs », le député Éric Ciotti prétendra que j'insulte la police et la France, que mes propos sont ignobles et indignes… Et le ministre de l'Intérieur lui-même se défendra de l'existence de contrôles au faciès. Mais la fermeture de la frontière n'est-elle pas un contrôle racisé ? La lutte contre l'immigration n'est-elle pas un racisme d'État ? Que pense le ministre quand il ordonne aux policiers de contrôler les flux migratoires : qu'ils vont arrêter les blondes aux yeux bleus pour vérifier si elles sont d'origine africaine ?

La vallée de la Roya est sacrifiée à la violence et au racisme. La Roya n'est plus la France, c'est un no man's land, la terre de personne, un endroit où le droit est à l'envers et où certains habitants bafouent la loi en réaction aux irrégularités d'État. Je les entends, ces préfets, ministres et personnalités politiques à Paris, dénoncer nos actions : un groupe « d'ultra-gauche », des « No Borders » qui réclament l'abolition des frontières, des « irresponsables » ou des « naïfs ». Mais merde ! J'ai envie de les tirer par la cravate jusque chez moi, qu'ils vivent avec nous juste une nuit. Je leur présenterai les jeunes aux pieds gonflés et crevassés à force de marcher à travers la forêt, le long des voies de chemin de fer ou sur la route. Je les forcerai à poser la main sur les cicatrices infectées des tortures subies en Libye. Je leur montrerai à quoi ressemble la trace d'un clou planté entre les testicules et l'anus d'un gamin de dix-sept ans.

J'aimerais demander à ces démagos aux mains lisses et propres d'assumer leurs propos :

– Venez vous-mêmes les chercher. Venez les renvoyer en Italie ou en Libye, comme vous le préconisez. Expliquez à la gamine qui se plaint de maux de ventre qu'elle est enceinte de son violeur libyen.

Crise de l'accueil

Ces hommes gris, je les plains. Leur insensibilité me consterne. Par lâcheté, nous leur avons donné notre pouvoir, le pouvoir de l'indignité, de discriminer, d'être juge et partie. La maltraitance naît d'une politique médiocre et démagogue. Leurs discours accusent les personnes en migration de trouble à l'ordre public, mais ce trouble, c'est l'État qui en est responsable. Les valeurs de notre République sont malmenées par ceux qui ont été chargés de les protéger. Le préfet est le bras armé d'une politique qui vise, par pur populisme, à gonfler les statistiques de reconduite à la frontière en ciblant sans discernement hommes, femmes et mineurs.

La fermeture de la frontière sert surtout un objectif de communication dans la « lutte contre l'immigration illégale ». Le préfet clame régulièrement qu'il renvoie en Italie des milliers de personnes, mais son décompte est faux : il « éloigne » plusieurs fois les mêmes migrants, qui retentent leur chance jusqu'à ce qu'ils réussissent à passer. Au lieu d'affaiblir l'extrême droite, comme le prétend le gouvernement, cette politique la renforce. En gonflant les chiffres, elle fait croire qu'il y a une « crise des migrants », alors qu'il s'agit d'une crise de l'accueil : on ne veut pas l'organiser, bien que le droit international et les conventions nous y obligent.

11.

Passages

Une fois le véhicule chargé à Vintimille, le silence s'installait, dense et tendu. Je roulais à une vitesse inconstante afin de savoir si j'étais suivi. En ce cas, je faisais demi-tour ou m'arrêtais dans un bar. Il fallait regarder devant comme derrière. Quand je pleurais, il y avait juste du sable, mes yeux brûlaient mais rien ne coulait. J'aurais aimé, comme Petit Bouddha, avoir une larme coincée dans chaque œil, qui resterait là à tout jamais, juste pour hydrater. J'avais le goût du fer dans la bouche, comme si mon estomac saignait.

Petit Bouddha me suivait partout mais ne courait jamais, il m'écoutait sans répondre. Il était habillé d'une petite chemise blanche. Ses parents ne connaissaient pas son âge, d'ailleurs il ne ressemblait pas à ses trois sœurs. Je compris vite qu'ils l'avaient recueilli peu de temps auparavant. Sans doute ses « vrais » parents avaient-ils péri en mer, en Libye ou dans le désert ; depuis, il restait muet, mais ses lèvres dessinaient toujours un sourire. Il se tenait debout, le dos droit, deux larmes toujours coincées dans ses yeux, qui me regardaient fixement. Je l'aimais bien.

On observait les poussins sautant dans tous les sens. À midi, on rejoignait le reste de la famille, les deux parents et leurs trois petites filles. Depuis quelques semaines, je ne mangeais plus seul. La table était mise sur ma terrasse – du riz et des légumes, comme d'habitude. On attendait avec impatience que les tomates mûrissent, encore une ou deux semaines.

Voiture ouvreuse

Lucile et moi, on commençait à bien se connaître. Seul défaut, elle était hyperactive, ce qui m'obligeait à l'être un peu aussi. Une fois elle préparait à manger, la suivante c'était moi ou l'un des parents soudanais. L'après-midi, on jardinait, on s'occupait des poules, on ramassait les œufs. Les jeudis, on livrait les produits et on conduisait nos hôtes dans une gare loin de Nice. Transbahuter des gamins planqués entre deux cartons d'œufs finissait par nous sembler normal, au point qu'on s'étonnait quand certains amis de la Roya descendaient à Nice « à vide ».

– Comment, vous n'avez convoyé personne ? leur demandait-on, incrédules.

Mesurions-nous encore le risque ? Pas sûr. D'abord, d'Italie en France, la route de Vintimille à Breil n'était pas surveillée. Le seul danger était que des flics me voient charger près de l'église. Des policiers français y traînaient en civil, mais comment les reconnaître, surtout quand ils adoptaient un look de « racaille » ? Jusque-là, on les avait par bonheur évités.

La route de Breil à Nice était, elle, beaucoup plus fliquée. On démarrait à l'aube. En voiture ouvreuse, Lucile conduisait la camionnette chargée des produits de la ferme. Je partais six minutes plus tard avec nos « voyageurs ». Lucile me téléphonait à chaque point sensible. Si elle rencontrait des flics, pas d'appel ; dans ce cas, je quittais le parcours et roulais à l'aveugle ou m'arrêtais. Elle speedait pour me rejoindre et raccourcir l'attente, risquée avec mes « voyageurs » planqués à l'arrière.

Son rôle s'avérait délicat et stressant, mais notre relation fusionnelle facilitait les opérations. Au seul son de sa voix, je savais si la route était bonne, si quelque chose l'agaçait ou si elle avait peur. C'était très différent quand je convoyais avec des solidaires de la Roya. Beaucoup ne respectaient pas les consignes, certains téléphonaient au volant, prenant un risque inutile ; d'autres se croyaient dans un jeu et ne respectaient ni les intervalles entre les voitures, ni les codes pour les appels téléphoniques. Chaque détail compte. Mieux vaut éviter de dire : « Attention, sortie Monaco, y a les flics ! », et annoncer plutôt : « Sortie de Monaco bloquée. »

J'ai vu des véhicules chargés de « voyageurs » doubler la voiture ouvreuse… La raison ? Le conducteur voulait pisser ! « La Roya citoyenne, une bande hyper-organisée ! » dénonceront plus tard le préfet et le procureur de la République. Ils ne connaissaient pas la réalité.

Froid et pragmatique

Quand je remonte des personnes depuis Vintimille, Lucile attend au bas du chemin, les rassure et les met en confiance. Puis elle garde le contact avec les familles, restant très proche d'elles. J'entends au contraire conserver mes distances et les oublier dès qu'elles sont parties. Enfin, j'essaie! Ciao, Petit Bouddha…

À cette époque, la vie à la maison se déroule plutôt normalement, dans une ambiance de vacances. Même si nous ne partageons pas la même langue, c'est sympa, surtout que le visage de nos hôtes change en quelques jours: leurs traits s'apaisent, leurs sourcils se détendent, même leur pas semble s'alléger. Le soir, avec Lucile, on enquille les bières jusque tard dans la nuit. L'ivresse aide à prendre les choses avec dérision, à s'inventer des mondes fantaisistes pour exorciser la violence des situations.

Grâce à Hubert, qui refile ses contacts et ses conseils, Lucile organise un bon réseau pour héberger nos voyageurs partout en France, surtout chez des particuliers. Ils sont accueillis dès la gare d'arrivée, c'est important. Les bons plans pour récupérer des tentes et des couvertures fonctionnent à merveille. Quand on en demande dix, on en reçoit cent.

Dans tout ce processus, je m'efforce de toujours la protéger. Interdiction de descendre avec moi à Vintimille! Aucun bénévole ne participe à des passages de la frontière, je préfère aller moi-même en garde à vue. Lucile est forte, mais sauvage, et je ne pense pas qu'elle résisterait à la prison. À vingt-cinq ans, elle s'en prendrait plein la tronche.

Pendant son séjour, elle a connu de tels ascenseurs émotionnels que son existence lui parut fade après son départ de la vallée en mars 2017.

– Quand tu retournes à ta vie « normale », tout te semble plat, m'a-t-elle expliqué. À la limite, tu as l'impression d'être morte. J'ai découvert dans la Roya des sentiments que je ne connaissais pas ou qui étaient multipliés par dix. Cela m'a donné une capacité d'adaptation énorme qui m'a même servi pour chercher du boulot.

12.

Passeurs

La gare de Vintimille est pleine. Les passeurs rabattent les migrants par nationalité. Je reconnais une gamine de l'église au milieu d'eux, je l'attrape par l'épaule et la récupère. Le passeur vient vers moi. Je lui lance :

– Si tu t'approches, je te pète toutes les dents et te balance aux flics juste à côté.

Il me regarde d'un air agressif, puis retourne à ses affaires. Il se comporte comme le maître des lieux, intouchable, orchestre son trafic comme un maquignon avec des moutons. Il regroupe, charge et encaisse, les flics italiens regardent sans réagir. Le passeur profite tranquillement de la fermeture des frontières pour exercer son business. Plus il y a de répression, plus son tarif monte. Ici, tout se vend : les services, les numéros de téléphone et le corps des adolescentes.

Quand on impose des barrières artificielles censées enfermer des gens sans argent, on crée un système qui coûte beaucoup plus cher à la société : le trafic. On diabolise les passeurs, mais je le répète : si on enlève les flics, il n'y a plus de passeurs. Comme pour les drogues, la pénalisation crée le trafic.

Calculette

Quelques mois plus tard, après une arrestation, je côtoyai cinq passeurs dans la « souricière » du palais de justice de Nice. Je discutais entre les barreaux avec l'un d'eux, arrêté au volant d'un fourgon avec une vingtaine de personnes. Il pleurait, parlait à peine français, j'essayais de le rassurer. On prend tous ces passeurs pour de gros mafieux, alors que ce sont souvent des paumés, des sans-papiers payés à la journée.

Il m'expliqua qu'il touchait quatre cents euros pour quatre allers-retours quotidiens entre Vintimille et Nice. Il avait besoin d'argent et n'avait guère le choix. Ce n'était pas un dominant, mais un dominé, comme on en croise souvent dans la délinquance. Il ne voyait pas où était le mal, n'ayant frappé ni volé personne.

Grâce à ses explications, j'ai mieux compris la réalité de la frontière. À Vintimille, des rabatteurs organisent les groupes et encaissent l'argent, puis des fourgons sont mis à disposition des chauffeurs. Ni les chauffeurs ni les rabatteurs ne connaissent le commanditaire, celui qui utilise ces intermédiaires. Ils sont les seuls à prendre des risques ; celui qui tire les ficelles au-dessus reste intouchable.

J'ai fait un rapide calcul pour estimer combien le commanditaire encaissait quotidiennement. Quatre voyages avec vingt personnes qui payent cent cinquante euros représentent un magot de douze mille euros, moins les quatre cents euros payés au chauffeur et sans doute autant pour le rabatteur. Donc, onze mille deux cents euros par jour. La fermeture de la frontière n'est pas dommageable pour tout le monde… Selon certaines évaluations, la traite des êtres humains génère à l'échelle mondiale vingt-sept milliards d'euros par an. Mais, dans la petite ville de Vintimille, la police n'a jamais coincé les têtes de réseau. Et mon voisin de cellule finit en prison pendant que son patron profite tranquillement des dizaines, voire des centaines de milliers d'euros gagnés.

Flics et prostitution

Parmi les passeurs, certains assurent un « service ». Ayant essayé maintes fois de traverser, ils connaissent les bons chemins et vendent cette expérience aux nouveaux arrivants. Ils « travaillent » ainsi un ou deux ans pour financer leur passage en Angleterre. Mais d'autres enfoirés escroquent les exilés. Ils prétendent les conduire en France avant de les larguer dans une autre ville d'Italie. Les plus fêlés forcent les barrages en mode « go fast » – on imagine le danger pour les personnes entassées à l'arrière de la camionnette. Il y a aussi les chauffeurs de taxi qui chargent à Vintimille et font l'autruche sur le thème : « J'effectue une course, je ne connais pas la situation du client. »

Les pires sont les prédateurs qui alimentent les réseaux de prostitution. Écœurés par les faits de violence, d'attouchements ou de viol qui nous parvenaient aux oreilles, nous avons enquêté à Vintimille pour établir un organigramme des gros passeurs : qui sont les chefs, comment ils se dissimulent parmi les réfugiés avant d'organiser des passages… Nous avons communiqué cette liste aux gendarmes et à la police aux frontières (PAF), avec leurs numéros de téléphone, leur description physique et leur âge approximatif.

Mais toutes ces « forces de l'ordre » s'en fichaient, trop occupées à nous traquer. Pendant qu'elles s'acharnaient sur nous, des filles subissaient des viols et d'autres se voyaient proposer un passage gratuit en France en échange de « services » – la prostitution. Ni les autorités françaises ni leurs homologues italiennes ne s'offusquaient de ces graves dérives qui se produisaient sous leurs yeux. Certains flics s'impliquaient même dans les passages, comme ce sous-brigadier interpellé en juin 2017 au péage de La Turbie alors qu'il convoyait un Gambien et trois Sénégalais dans sa Peugeot 106. Il a reconnu sept à dix passages, avec chaque fois trois ou quatre voyageurs qui payaient entre cent vingt-cinq et deux cent cinquante euros chacun.

Sa motivation ? Le surendettement. Il y a gagné trois mille euros. En poste à Nice depuis près de vingt ans, ce policier a plaidé une « grosse erreur ». « Ce n'est pas une grosse erreur, c'est une infraction pénale grave qui a duré deux mois et demi », a rectifié la présidente du tribunal.

Il a été condamné à dix-huit mois de prison ferme avec mandat de dépôt.

13.

Basculement

Le 11 août 2016, tout a basculé. Ce jour-là, en fin d'après-midi, je devais récupérer une mère et ses deux enfants à Vintimille sur le parking en amont de l'église. Pendant que je les embarquais dans mon C15, deux femmes me fixaient, le regard triste, depuis le trottoir d'en face. Elles aussi avaient des enfants. Impulsivement, je leur proposai de nous rejoindre. J'étais stressé, je le sentais mal, très mal.

Vintimille était devenu un petit Calais. Deux mille personnes dormaient chaque nuit et chiaient chaque matin sous le viaduc autoroutier proche de l'église. En fin d'après-midi, elles squattaient le parking du Lidl, sous l'enseigne vacillante bleu et jaune, à quelques pas de la petite cabane vert sapin du vieux fleuriste, en face du portail du cimetière. Un décor surréaliste où se côtoyaient la mort, l'exil et l'hyperconsommation.

Certains se dissimulaient entre les hautes cannes poussant dans le lit asséché de la Roya. Sans endroit où se laver, ils étaient considérés comme des sous-hommes, des déchets. Même les chiens et les pigeons ne sont pas traités ainsi. À la gare, ils vivaient sur le parvis, dans le hall et sur les marches, où les passeurs devenaient de plus en plus agressifs. Mais les flics restaient de marbre, enfermés dans leurs gros fourgons aux fenêtres grillagées, le visage bleui par la lumière froide des écrans de téléphone. Autour, c'était la zone, mais ils s'en fichaient.

Certains habitants en avaient assez de ces centaines de Blacks zonant devant chez eux. Ce n'était pas forcément du racisme, juste la lassitude de côtoyer un bidonville qui concentrait toute la misère du monde. Mais qui est responsable, la personne à la rue qui n'a pas de toilettes ou la mairie qui n'en installe pas ? Les riverains avaient l'impression que leur appartement acheté à crédit ne valait plus rien. Sous leur pression, le maire invoqua l'hygiène pour interdire les distributions alimentaires et refuser l'accès à l'eau. Résultat : sur l'avenue devant l'église, des petites assiettes disposées sur le trottoir nourrissaient les chats errants. De l'autre côté, les « humains errants » qui dormaient sous l'autoroute ne recevaient à manger qu'en cachette.

Accélérer la cadence

Le climat se durcissait. L'église devait fermer ses portes, même si elle était pleine à craquer et si les personnes hébergées vivaient dans des conditions physiques et psychiques déplorables. Don Rito, devenu mon précieux allié, allait être « muté » dans une autre paroisse. Ses convictions religieuses qui le portaient à aider son prochain ne plaisaient apparemment pas à sa hiérarchie. En mai, le ministre italien de l'Intérieur avait déjà interdit le camp de la Croix-Rouge. Aucune structure ne pourrait plus accueillir ni les femmes, ni les enfants, ni les nouveau-nés : ils seraient jetés à la rue au milieu de la crasse, de la merde et des passeurs.

Je remontai lentement la Roya, la bagnole chargée s'écrasant dans les virages. L'odeur était pestilentielle, aucun de mes passagers ne s'étant sans doute lavé depuis des semaines. Comme d'habitude, la frontière était libre, et je téléphonai à Lucile pour l'informer de notre arrivée. Depuis quelque temps, elle n'était plus très favorable à mes allers-retours frénétiques et protégeait notre « camping » encore plus que moi. Elle avait raison : je prenais trop de risques, alors que nous étions épuisés. Mais je ne voulais pas laisser des familles dans ce Vintimille immonde et plein de vice.

Avec la fermeture prochaine de l'église, il fallait accélérer la cadence. Hubert était d'accord pour récupérer les gens et les mettre dans les trains. Mais, avant, il fallait les sortir de Vintimille, où rester discret se révélait de plus en plus difficile. Ce 17 août, nous étions à découvert, avec huit personnes entassées à l'arrière du C15 et les enfants en pleurs. Assis sur la bordure du trottoir, un homme blanc aux bras tatoués nous fixait. Flic ou pas ? En général, on les repérait à leur façon d'observer. Quand je croisai son regard, il détourna les yeux, l'air de dire : « J'ai compris ton business, mais je ne m'en mêle pas. »

Pour me rassurer, je me dis qu'il s'agissait du chauffeur d'un camion garé tout près. Il jouait bien sa carte et endormit ma méfiance.

La nuit venait de tomber, je passai lentement devant l'entrée du chemin menant à ma maison. Derrière moi, les phares de plusieurs véhicules m'aveuglaient. Le premier me doubla et serra aussitôt l'avant de mon C15. Des lumières bleues clignotèrent, accompagnées de sirènes. Je freinai et m'immobilisai contre la glissière de sécurité. L'homme aux bras tatoués arriva à ma hauteur et braqua un pistolet à quelques dizaines de centimètres de ma tempe gauche. Mes mains serrées sur le volant, je m'époumonai :

– Je n'ai pas d'arme ! Il y a des enfants à l'arrière !

Le type hurla :

– Mains sur le volant ! Mains sur le volant !

14.

Case départ

Le flic me fit sortir du C15, son flingue toujours pointé sur moi. Trois hommes en civil désignèrent les vitres des portes arrière, dissimulées par un drap. J'essayai de les calmer : il y avait des enfants à bord. J'ouvris en m'efforçant de rassurer ces derniers d'un : « No problem, no problem ! » Mais bien sûr qu'il y avait un problème, et mes passagers qui hurlaient l'avaient bien compris.

Une clef de bras me colla sur le côté de la voiture, poignets menottés. L'ambiance était étrange entre les flics italiens et français. Chacun parlait sa langue sans réellement comprendre les autres. Les voir aussi excités ne me rassurait guère.

– Mais ils vont bientôt fermer leur putain de gueule ? m'apostropha un policier.

Je répondis qu'ils avaient peur d'eux, ce qui énerva encore davantage le tatoué. Je pensai à Lucile, sans doute paniquée à quelques mètres de là : elle devrait gérer seule Selam et sa fille, que j'avais remontées de ma dernière visite à Vintimille.

Les flics voulurent réquisitionner mon C15 pour conduire mes passagers jusqu'à la PAF de Menton.

– Vous ne pouvez pas faire venir un minibus ? Ma bagnole est toute pourrie et en surcharge.

Ils rirent :

– Ça ne t'a pas trop dérangé de les transporter dans ta poubelle jusqu'ici !

Jamais je n'avais été placé en garde à vue ni menotté. Ma blessure d'enfance me tiraillait l'épaule, séquelle d'une maladie grave, une ostéomyélite (infection de la moelle osseuse) contractée à l'âge de quatre ans. Je pensais surtout aux gamins, je m'en voulais terriblement, j'avais merdé, Lucile avait raison.

À la PAF, les flics faisaient des selfies avec leur butin. Fiers d'eux, ils invitaient leurs collègues à venir sentir « l'odeur de merde » dans la bagnole, ils riaient, heureux, les blagues racistes fusaient. Moi, j'étais triste, honteux et indigné. Et j'imaginais que, après quatre heures coincés dans le coffre, les huit Érythréens m'en voudraient de les avoir embarqués dans cette galère. Mais non : en sortant, chacun m'a glissé un « sorry » en baissant la tête. Une femme en uniforme nous hurlait de nous taire, mais la procession continuait, avec ces « sorry » presque apaisés et un sourire semblable à celui de Petit Bouddha.

Je le comprenais maintenant, c'était le sourire de la résilience. Il y avait comme une bulle qui se créait autour de nous, les cris de la flic s'estompèrent, le temps se ralentit, mes yeux brûlaient, dans ma bouche le goût du sang revenait. Le monde alentour n'existait plus, les formes se dissolvaient, les policiers devenaient des fantômes. Brusquement, la flic m'arracha de mon siège.

NEUNEU

Au sous-sol du commissariat, j'angoissai à l'idée de terminer en prison. Cette peur qui planait au-dessus de moi depuis des semaines comme un songe prenait le goût du réel. Un policier plus sympa que les autres me demanda si je voulais un avocat. Deux heures plus tard, Françoise Cotta arriva, l'air tranquille. Je l'interrogeai :

– Je dis quoi ?

Elle leva les yeux au ciel :

– Tu dis ce que tu veux, soit tu fais le neuneu, soit tu revendiques !

Quand le tatoué lui demanda si elle voulait assister à l'audition, elle s'esclaffa :

– Qu'est-ce que vous voulez que je fasse ici ?! Mon rôle, c'est de défendre et de plaider, pas de vous regarder bosser !

Puis, en m'adressant un grand sourire :

– À dans vingt-quatre ou quarante-huit heures…

J'adorais Françoise et son côté punk-bourgeois, mais là, je ne la comprenais pas. Ce flic me faisait flipper, et elle me laissait seul avec lui. Je compris par la suite : elle était passée chez moi le soir même pour mettre à l'abri Selam et sa fille en prévision de la perquisition à mon domicile.

15.

Humilier

Avant cette première expérience, j'ignorais l'extrême violence de la garde à vue. Depuis, j'en ai connu onze – le compteur tourne toujours – et j'ai appris à quoi elle sert : à humilier. On subit une torture psychologique, enfermé dans une cellule couverte de merde, de pisse et de gerbe, avec les odeurs. La lumière reste allumée nuit et jour, impossible de savoir l'heure qu'il est. Il n'y a pas de couverture, on me retire mes lunettes, je n'y vois rien. Pour sortir, on me menotte dans le dos tel un animal enragé. Le but consiste à briser l'homme afin qu'il avoue même des faits imaginaires. Et ça fonctionne : beaucoup reconnaissent n'importe quoi juste pour que l'épreuve cesse.

Je me suis souvent retrouvé, au cours de ces gardes à vue, avec les deux mêmes policiers, le genre de types que je côtoyais quand je travaillais dans la mécanique. Sympas, voire rigolos, mais lourds, très lourds, avec une tendance machiste assumée. Ils jugeaient avec insistance les postérieurs féminins qu'ils croisaient, roulaient à 120 ou

150 kilomètres/heure lors des transferts et empruntaient les ronds-points à l'envers. Je tentais de leur glisser :

– J'aime bien ma vie, et ça m'embêterait de crever les menottes aux poignets.

Mais ils prenaient ça pour de l'humour et continuaient leur gymkhana.

Les flics passèrent mon nom au service départemental du renseignement territorial. Inconnu au bataillon, je n'étais dans aucun fichier, même pas comme membre des No Borders. Normal, je n'y appartenais pas. Pendant deux jours, on m'interrogea toutes les deux heures. Au début, le tatoué frappait fort sur la table sans attendre mes réponses. Je lui dis de se calmer, sinon je resterais muet. Je lui parlai de la condition de ces gens, de ces enfants, du pays qu'ils avaient fui, de la guerre et de la dictature. Et, allez savoir pourquoi, je revendiquai d'avoir aidé plus de deux cents personnes, beaucoup plus que dans la réalité.

« C'est une affaire de famille ? »

Au moment de la perquisition chez moi, j'eus peur que Tchen, ma grosse chienne noire, n'attaque les deux testostéronés. Je les prévins : elle était croisée avec un patou et avait pour habitude de mordre les couilles. Pile poil le type d'humour adapté pour détendre l'atmosphère. Sur ma terrasse, Lucile, mon frère Morgan et notre père nous attendaient, anxieux, mais heureux de me voir. Le flic sourit à son tour :

– Ah ben, c'est une affaire de famille ?

Tchen grognait, mais sans plus, les oies caquetaient, Petit Chat ronronnait en se frottant sur ma jambe : tout allait bien. Les flics acceptèrent même de me démenotter en lâchant, avec leur humour acerbe :

– Si tu te barres, je bute ton chien !

Bizarrement, ils photographièrent Petit Chat, les oies, les poules, et un policier me demanda s'il pouvait prendre un oison pour son gosse. Je répondis qu'on ferait du business plus tard. J'étais rassuré, Selam et sa fille n'étaient plus dans la caravane.

Avec pudeur et hésitation, ils commencèrent à fouiller mon bordel. Je m'attendais à une perquisition violente, comme dans les films, où les flics retournent la baraque. Mais il n'y a pas grand-chose à retourner chez moi, à part quelques monticules de vêtements et de courriers jamais ouverts. Je leur demandai ce qu'ils cherchaient.

– La thune ! On cherche la thune !

Je sortis ma caisse de marché, mille euros en liquide que je gardais à la maison, car les paysans n'aiment pas trop les banquiers, et en général c'est réciproque. L'analyse de mon compte en banque et le niveau de richesse dont témoignait ma modeste demeure ne laissaient aucun doute : mon aide était désintéressée. Les Érythréens confirmèrent que je ne leur avais pas demandé d'argent.

Morgan proposa un café aux policiers.

– Donnes-en un à ton frère, il en a bien besoin !

Morgan me le tendit avec un petit sourire. Je compris à la première gorgée : il l'avait complété avec du rhum.

Fête de l'olive

Pour ma dernière audition, j'eus droit à un officier de la PAF. Il avait l'air honnête et compatissant. Sa femme me connaissait, elle tenait un stand à la Fête de l'olive de Libre. Elle avait du mal avec le métier de son mari, mais il fallait bien manger… Il m'avertit que je risquais un procès en comparution immédiate pour « aide à l'entrée et au séjour irréguliers des étrangers en France ». Si je refusais, je pouvais être incarcéré en attendant l'audience. Puis il me posa des questions transmises directement par le procureur : « Pourquoi n'avez-vous pas acheté un véhicule adapté au transport de personnes ? Pourquoi vos actions ne sont-elles pas encadrées par une association ? »

Surpris, je balbutiai : le procureur me suggérait-il d'adapter mes actions pour être dans les clous ?

– Prends-le comme tu veux, me dit le flic.

À mon retour en cellule, un gros gardien barbu m'a regardé de travers en beuglant :

– C'est toi, l'abruti qui fait entrer des migrants ? Tu penses pas qu'on en a assez comme ça ? Allez, avance, trou du cul !

J'en conclus qu'il n'était guère favorable à mes actions. Devant la porte de ma cellule, dans l'odeur d'urine, il enchaînait les allers-retours en me jetant des regards haineux.

Puis le policier sympa est revenu en souriant :

– C'est bon, Cédric, t'es libre, sans poursuites !

Françoise m'attendait à la sortie. Sur le chemin du retour, on s'est arrêtés dans un bar en Italie pour ingurgiter deux pintes de bière. Elle m'avait manqué – la bière, pas Françoise.

Immunité humanitaire

Je bénéficiais de l'immunité humanitaire. Grosse surprise ! Convoyer des étrangers sans papiers depuis l'Italie, c'est prendre le risque d'être poursuivi. D'habitude, la justice ne s'en prive pas, surtout en cas de flagrant délit, comme là. Dans certains cas, cependant, une immunité dite « humanitaire » s'applique. En gros, si on n'est pas un passeur qui agit pour de l'argent et si la seule motivation consiste à mettre à l'abri des personnes pour garantir leur intégrité physique ou morale, on échappe aux poursuites.

Mais franchir la frontière avec des « migrants » reste illégal, et on ne bénéficie pas d'un classement sans suite. C'est pourtant cette dernière option que choisit le procureur de la République de Nice, Jean-Michel Prêtre, en considérant que mon action – porter assistance à des personnes en détresse – répondait à un état de nécessité.

Je sortis ultra-confiant. Le procureur ne me disait-il pas : « C'est bien ce que tu fais, mais sois plus organisé » ?

Cette garde à vue m'avait éclairé sur beaucoup de points. Elle me mettait également pour la première fois sous les feux des médias.

« Un passeur de migrants idéaliste interpellé à Breil », titra *Nice-Matin*. L'article ne citait pas mon nom et me présentait à tort comme membre des No Borders. J'y étais décrit comme « éleveur de gallinacés » et « déjà bien identifié » par la police. C'était suffisant pour pouvoir me reconnaître, et j'appréhendais le marché du mardi suivant à Breil. Je n'en menais pas large dans ces Alpes-Maritimes où l'extrême droite ne paraît pas si extrême, où le racisme est tellement assumé qu'il suffit d'entrer dans un bar pour entendre des termes comme « bougnoules », « négros », « gris », « boukaks ».

Le journaliste me qualifiait d'idéaliste, parce que j'avais « reconnu ne pas percevoir un seul sou » : « Au regard du parquet, qui a décidé de ne pas le poursuivre, ce serait donc le contexte d'aide humanitaire qui a été retenu. Même si, de sources policières, ce passeur n'en serait pas à son premier voyage. » Il était précisé que j'avais revendiqué deux cents passages, « en ajoutant ne pas vouloir [m]'arrêter là ».

De toute évidence, *Nice-Matin* tenait ses informations du parquet ou des policiers. Je me permis de rédiger une réponse : « Je n'appartiens à aucune mouvance politique, et d'ailleurs, est-il utile d'appartenir à une mouvance politique pour remplir ses obligations de citoyen et rester fidèle à ses engagements humanitaires ? » Et je commentai l'absence de poursuites : « Est-ce la décision d'un magistrat citoyen confronté lui aussi à cette effroyable misère ? Peut-être, et cela est rassurant. »

16.

La carapace

Souvent, j'entends des réseaux militants affirmer naïvement : « La migration, c'est une chance. »

La migration constitue un drame pour la quasi-totalité des exilés que j'ai accueillis. Tous sont déracinés, cassés et détruits de l'intérieur, sans trace de leur famille. Comment voient-ils leur avenir ? Ils ne savent pas. Leur passé ? Ils ne savent plus. Les souvenirs s'emmêlent ou s'estompent. Certains ont grandi dans des camps de réfugiés et n'ont jamais connu autre chose. Ils forment une nouvelle génération de Roms, de nomades. On imagine qu'ils sont partis avec un projet en tête pour un voyage planifié, organisé, voulu comme un simple déménagement. Erreur. Les personnes en migration fuient un immeuble en flammes, abandonnant tout derrière elles. L'exil est une petite mort.

Dans les dossiers d'asile, l'OFPRA (Office français de protection des réfugiés et apatrides) reproche souvent aux demandeurs une chronologie des faits « incohérente ». Mais tout est si embrouillé dans leur tête. Comment remettre des dates précises sur une interminable galère ? On les accuse à tort de mensonge. Le traumatisme ronge la mémoire. Quand ils arrivent chez nous, ils en ont tellement bavé qu'ils ont perdu toute notion des épreuves subies. L'un d'entre eux me confia un jour : « Oh, mon histoire n'est pas si grave, après tout ! »

Apnée

La migration est une plongée en apnée, une traversée périlleuse sans respirer. Chez les plongeurs, le rythme cardiaque ralentit pour préserver l'afflux de sang vers les organes essentiels ; les personnes en migration mettent une partie d'elles-mêmes en sommeil. Ainsi, une carapace se forme sur laquelle tout semble rebondir. Et seul le mouvement perpétuel d'un pays à l'autre garantit leur survie.

Alors, oui, les exilés sont prisonniers de ce mouvement. Nos pays les y enfoncent encore davantage, au lieu de dignement les accueillir. L'État abuse de leur situation fragile. Ils ne se défendent pas, ne connaissent pas leurs droits, acceptent leur réalité comme une normalité.

S'ils se posent, cessant leur migration par choix ou par obligation, la carapace se fendille, les blessures s'ouvrent, un gouffre les menace. Ils angoissent. Combien de proches perdus, de crimes subis comme victimes ou comme témoins, pour en arriver là ? Un gamin que j'ai recueilli a vu ses copains enterrés vivants dans le sable. Comment survivre après cela ?

Certains prétendent que ces gens migrent pour les allocs, le RSA, pour profiter du système français. Mais, au moment où ils prennent la route, ils ne connaissent pas le droit d'asile, la CMU ni le RSA. Et qui risquerait sa vie pour trois cent cinquante euros par mois ?

La tragédie des « dublinés »

Arrivés en Europe, les exilés se heurtent à un nouveau mur : qui acceptera de traiter leur demande d'asile ? Le « règlement Dublin » prétend fixer les règles à l'échelle européenne. Tout le monde pense qu'il oblige les requérants à déposer leur dossier dans leur pays d'arrivée. Mais le texte est bien plus complexe que cela ; le pays d'entrée en Europe n'est pas toujours désigné comme responsable de la demande d'asile.

La lecture et l'utilisation de « Dublin » sont détournées : on élude volontairement les paramètres qui permettraient à tout autre pays d'accepter la demande, tels que le rapprochement familial, la langue parlée, l'état de santé, etc. Ainsi, les personnes sont systématiquement renvoyées dans le pays d'arrivée, c'est-à-dire l'Espagne, l'Italie ou la Grèce.

Je ne peux m'empêcher d'établir un lien avec l'expression insultante PIGS (« porcs » en anglais, acronyme pour Portugal, Italy, Greece et Spain). Inventée par des journalistes britanniques et américains, elle stigmatise les pays européens qui souffrent d'un fort endettement et enregistrent d'importants déficits commerciaux ; autrement dit, les mauvais élèves de l'Europe. L'Union européenne punirait-elle ses « cancres » en utilisant les exilés comme monnaie de compensation de la dette ?

Empreintes

Avec « Dublin », quand le requérant se présente en préfecture, ses doigts posés sur l'écran tactile désignent le pays d'arrivée, celui qui a le premier enregistré ses empreintes.

La France demande alors à ce pays s'il accepte d'instruire sa demande d'asile. Dans la majorité des cas, l'Italie ne répond jamais dans les délais, ce qui induit un accord tacite de sa part, alors qu'elle pourrait refuser en se basant sur un des critères du règlement.

Les personnes deviennent donc des « dublinés ». Elles doivent retourner dans la péninsule et y attendre le traitement de leur dossier. Pour beaucoup, ce retour en arrière est inconcevable. Elles se cachent et sont considérées comme « en fuite », jetées dans la clandestinité pendant un délai qui varie de six à dix-huit mois. Au moment où elles pensaient s'en sortir, on leur remet la tête sous l'eau. Elles se retrouvent à la merci de tous les exploiteurs, elles qui se croyaient à l'abri dans un État de droit. Ces personnes fragiles ont fui la guerre ou des persécutions ; ajouter des épreuves à ce fardeau a toujours un impact sur leur état psychologique, déjà très dégradé.

Refuser de donner ses empreintes à l'arrivée en Italie constituerait le seul moyen de contrer le règlement de Dublin. Mais les personnes y sont forcées, à peine débarquées du bateau, sans en connaître les conséquences.

S'ils réussissent à franchir ces obstacles, les exilés peuvent enfin déposer leur demande d'asile et bénéficier d'un hébergement en attendant le traitement de leur dossier. Mais, faute d'infrastructures, la moitié des cent cinquante mille demandeurs d'asile en instance en France ne reçoivent aucune proposition d'hébergement. Ils survivent dans des squats, sous les ponts, dans les bois… Certains quartiers se transforment en bidonvilles, créant un trouble à l'ordre public et clivant la population française sur la question de l'accueil. La France a ainsi été condamnée le 2 juillet 2020 par la Cour européenne des droits de l'homme (CEDH) pour les « conditions d'existence inhumaines et dégradantes » infligées à trois demandeurs d'asile.

17.

« Three days ! »

L'église de Vintimille était pleine de gamins, âgés de treize à seize ans. Des gosses surexcités qui parlaient fort en tigrigna, se marraient tout le temps en se moquant les uns des autres. Ils rigolaient de leur pote placé en rétention, s'esclaffaient en racontant leur interpellation dans les armoires électriques des trains. Tout était conté sur le ton de la déconnade. Le rire gommait le risque. La carapace, toujours.

Partis d'Érythrée pour éviter les travaux forcés ou un service militaire obligatoire d'une durée indéfinie, ils formaient des groupes de quatre ou cinq et n'avaient pas l'air malheureux. Indissociables comme une meute : l'union était leur force, particulièrement à leur âge et au vu de leur faible corpulence. Si l'Italie avait su s'occuper d'eux, peut-être y seraient-ils restés. Mais, avant 2017, le pays n'offrait aucune protection aux mineurs non accompagnés. Seule l'église de Vintimille les hébergeait en attendant qu'ils franchissent la frontière.

Et, pour ces gamins, c'était un jeu. Gagnants ou perdants, ils ignoraient le danger ou s'en moquaient, semblant moins fragiles que des gars de trente ans qui, devenus des « vieux », morflaient grave. Ils faisaient les durs, puis s'amusaient avec des petites voitures dans le sable. Ils restaient pourtant des gosses, donc des proies vulnérables. À chaque arrestation, ils se plaçaient automatiquement en ligne, dans un réflexe acquis en Libye. Cela nous mettait très mal à l'aise.

Livrés à eux-mêmes, ils n'attiraient l'attention d'aucun adulte, à part dans l'église. J'étais un des rares à s'intéresser à eux. Comment les aborder sans devenir moralisateur ? Je représentais une forme d'autorité, mais, si je les engueulais, ils ne me parleraient plus. Méfiance. Le danger, pour ces gamins, ce n'est pas la frontière, mais l'adulte, le flic, le tortionnaire. Ils soupçonnent même celui qui veut les aider. La seule confiance qui règne, c'est entre eux.

Faute de pouvoir nous comprendre, on communiquait via des dessins ou des mimes. Ils y rejouaient les courses-poursuites en montagne, dévalant les pentes sans regarder où ils posaient les pieds alors que les soldats, effrayés par le risque, s'arrêtaient. Ils mimaient la police les délogeant des trains à coups de bombe lacrymogène, ou leur sprint pour traverser l'autoroute entre les voitures. Ultra-dangereux. Mais ils en rigolaient toujours.

Quand ils rejouèrent l'enfermement au poste-frontière de Menton puis le renvoi vers l'Italie, je les interrogeai :

– Et après ?

Un gamin s'allongea par terre, imita des ronflements et montra le chiffre trois avec ses doigts :

– Three days !

Après, ils dormaient pendant trois jours pour récupérer, avant de retenter leur chance.

Un département à part

Ces jeunes étaient unanimes. Quand la police française les arrêtait, elle les renvoyait systématiquement en Italie, une pratique qui perdure aujourd'hui. Or la loi est formelle : tous ceux qui se prétendent mineurs doivent être pris en charge par le département, qui vérifie ensuite leur âge selon diverses procédures. La loi n'était donc pas respectée.

Même des mineurs pris en charge par l'aide sociale à l'enfance (ASE) en France étaient renvoyés. À Vintimille, on en croisait qui avaient été auparavant hébergés dans des foyers des Alpes-Maritimes. Leur tort ? S'être baladés à Nice. Ils avaient été contrôlés, puis dégagés vers l'Italie. À croire que n'importe quel gosse noir était, aux yeux des policiers, susceptible d'être un « migrant » irrégulier.

Comme ce département appliquait une règle à part, il devait bien y avoir des directives de la préfecture. Évidemment, on n'a jamais mis la main sur un papier officiel, mais certains signes ne trompaient pas. Un exemple ? Quand des policiers me contrôlaient en gare des Arcs-Draguignan, dans le Var, il n'y avait aucun problème pour les enfants étiquetés MIE (mineur isolé étranger) – preuve que, une fois sortis des Alpes-Maritimes, ils étaient tolérés et récupéraient leurs droits. Mais s'ils restaient dans le « 06 », c'était l'inverse. Je trouve d'ailleurs le terme surprenant : « mineur isolé étranger », ou comment sectoriser la prise en charge d'enfants par nationalité. En 2016, il a été remplacé par mineur non accompagné (MNA).

Que le député de droite Éric Ciotti tente par tous les moyens de les expulser, je pouvais le comprendre, c'était cohérent avec son discours. Mais quel intérêt pour l'État ? Des dizaines de gamins traversaient coûte que coûte, quitte à prendre les plus gros risques. Comment pouvait-il les mettre sciemment en danger ? Pourquoi ne pas encadrer cette migration depuis la frontière, puisque toutes ces personnes se retrouveraient finalement dans d'autres villes en France ?

Les invisibles

Un autre mystère concernait les passages depuis la Libye. Un jour, l'église de Vintimille était emplie de familles venues du Soudan ; une semaine plus tard, elle ne comptait plus que des gamins isolés d'Érythrée. Selon les adolescents, les Libyens s'organisaient sous la responsabilité d'un chef garde-côte, un militaire haut gradé qui les regroupait en fonction des nationalités et de l'âge. Les jeunes étaient rassemblés dans des prisons durant des mois avant d'être jetés dans de petites barques pour l'Italie. Les Libyens décidaient quels groupes passeraient chaque jour, chaque semaine, chaque mois. Mais pourquoi ce tri ? Dans quel but ? Je m'interroge encore aujourd'hui.

À l'église, lorsque des enfants ne revenaient pas le soir, on se disait : « Ils sont passés. » Mais passés où ? Vers qui, vers quoi ? Pris par quels types de rabatteurs ? J'entendais parler de réseaux de prostitution à Toulon, à Marseille, à Paris. Pour s'en protéger, les gamines les plus jolies s'enlaidissaient : leur beauté les rendait vulnérables. Le drame de ces jeunes, c'est qu'ils étaient sans papiers, donc sans identité. Quand ils disparaissaient, personne ne les cherchait. Ils n'étaient rien.

Les six inséparables

À force de côtoyer cette grande vulnérabilité, je m'en sentais responsable, et cela me poussa à aider ce groupe de six jeunes trouvés à l'église. Ils avaient été reconduits en Italie illégalement. Les Érythréens sont plutôt de petite taille; enfants, ils paraissent minuscules. J'aurais pu les acheminer en un seul trajet, mais je préférai, par souci de discrétion, les séparer en deux groupes. Je montrai au premier la photo de ma voiture: elle était ouverte, qu'ils m'attendent à l'intérieur. Le deuxième groupe devait commencer la route à pied, je reviendrais les chercher plus tard. Tu parles…

Quand je regagnai le véhicule, les six étaient entassés sur la banquette arrière, leurs petits sacs à dos posés sur les cuisses. Ils n'avaient pas respecté la répartition. Pas le temps de les gronder ni de réorganiser. À peine arrivés, passé l'accueil chaleureux de Lucile, ils voulurent aussitôt accéder au wifi. Rassurer la famille en Érythrée et préparer la suite du voyage en appelant leurs amis, frères et sœurs en Allemagne.

Je compris plus tard que ces scènes de frénésie téléphonique dans mon salon de dix mètres carrés servaient aussi à filer le tuyau aux amis bloqués en Italie: par la Roya, on passait. À 22 heures, je commençai le compte à rebours, le fil du modem en main, pour qu'ils aillent se coucher. Les filles dans une caravane, les garçons dans l'autre. Mais, le lendemain, les six sortirent de la même caravane. Ils avaient dormi ensemble, de peur d'être séparés.

Un des garçons me suivait partout et n'arrêtait pas de parler en tigrigna. Je pense qu'il évoquait son père. Au moment des repas, ça criait, ça se chamaillait, comme souvent avec les gamins. Lorsqu'on les convoyait hors du département, certains se mettaient à vomir, le stress leur filant la gerbe.

Pour les divertir, je jouais au clown, chantais fort et faux, je me trémoussais sur mon siège et lançais des coucous à toutes les voitures. Les enfants me pensaient fou, ils riaient et, j'imagine, se moquaient de moi. Les divertir ainsi me replongeait dans ma propre jeunesse à l'Ariane où, pris dans mes rêves, je me sentais moi-même.

18.

L'Ariane

Le quartier de mon enfance porte le nom d'une fusée qui voyage dans l'espace et côtoie la Lune. Pour ma part, je n'en étais pas loin, surtout à l'école, qui me barbait. Je préférais partir à la découverte de l'antre de notre quartier, ce boyau sombre comme un labyrinthe mystérieux : les égouts. Munis de morceaux de carton enflammés, nous avancions les pieds écartés, posés sur les rebords glissants du tunnel, afin d'éviter l'eau saumâtre. Nous cherchions des orifices traversés par la lumière du jour et donnant sur le monde des humains. Être sous la ville nous excitait terriblement.

Nous pénétrions en cachette dans les caves des vieilles maisons qui sentaient encore le raisin, la pomme, l'huile d'olive rance ou les œillets séchés. De vieux fouloirs, un pressoir ou une jarre attestaient l'histoire de l'Ariane, garde-manger du comté de Nice avant de devenir l'un de ces quartiers populaires où s'entassent les « hommes-outils » recrutés à l'étranger pour travailler à la richesse de la France.

Dernière rescapée de ce passé paysan, madame Barberis confectionnait des tartes quadrillées de pâte aux fruits confits et vendait des cerises dans sa cave. Je me souviens encore de ses mains ridées et du panier d'osier dans lequel elle les déposait avant de les peser dans une balance en fer :

– Tu diras à ta mère qu'il y a bon poids !

Quand mon corps était à l'école, ma tête s'échappait vers les jardins de madame Barberis ou auprès des filles que j'aimais. Mon monde était celui des rêves. À 16 h 29, mon corps rejoignait ma tête, prêt à bondir pour recouvrer la liberté.

– Tu vas finir comme ton père, à vendre du papier-cul, ou comme ta mère, à garder des gosses, m'a dit une instit'.

J'aurais pu lui sauter au visage tel un chat enragé, mais je restai calme. Au collège, un prof de maths lâcha à ma mère :

– Cédric est intelligent, mais pendant les cours il démonte les bancs et balance les boulons par la fenêtre.

Quand les profs demandaient quel métier je souhaitais exercer, je répondais :

– Pas de métier.

En fait, je voulais devenir vétérinaire, et pourquoi pas flic ? J'étais surtout écœuré par ce que m'offrait le monde : d'être enfermé dans une école, obligé de dessiner et d'apprendre des chansons ou des poésies. Je n'acceptais ni d'apprendre sans comprendre, ni la notion de récompense par des images ou des bons points, véritable soumission avec contrepartie. Je n'acceptais pas la violence du groupe qui opprime le plus faible, faible car différent. Ni cette règle malsaine qui imposait de désigner ensemble une victime pour ne pas en devenir une à son tour, nous poussant à ressembler à l'autre pour ne pas être rejeté. J'aimais les amitiés intimes, les groupes réduits, les clans sans chef et sans souffre-douleur, qui se respectent et protègent les plus fragiles.

Soso le rebelle

Mes parents, peu fortunés, habitaient à Nice. À ma naissance en 1979, ils achetèrent une petite maison dans le quartier dit primaire, autour de la place de l'église, entouré de HLM et de tours. L'Ariane était à l'époque un endroit très populaire. Y vivaient ensemble des Blancs, des Arabes et des Noirs, dans une mixité sociale qui n'existe plus aujourd'hui. Le quartier était traversé par le Paillon, ce fleuve qui frôle ensuite le vieux Nice pour se jeter dans la mer. Sur les photos anciennes ornant notre salon, on distinguait des femmes voilées lavant de grands draps blancs.

– Ton arrière-grand-mère faisait partie de ces femmes, expliquait ma mère. Elle avait fui l'Italie et s'était réfugiée à Nice, dans la vieille ville.

Mes grands-parents, des immigrés italiens victimes du racisme de l'époque, ont vécu en mode gitan, lavant le linge à la rivière. Puis le Paillon est devenu toilettes pour chiens, tout-à-l'égout, décharge de déchets ultimes, centre de stockage de machines à laver usagées, gravière, fleuve à sec, vulgaire tranchée servant aux eaux pluviales…

Le Paillon structurait la géographie. Sur sa rive gauche, une voie rapide ; sur la droite, des barres d'immeubles des années soixante-dix. Je rêvais de construire des cabanes, de grimper dans les arbres, de vivre entouré d'animaux, de marcher au bord d'un fleuve, un vrai, sans frigos ni carcasses de bagnole rouillées.

Forcés à se sédentariser, les gens du voyage s'étaient fixés le long du fleuve. Parmi eux, Soso, mon camarade de classe, vivait dans une caravane. Un peu plus âgé que moi, il fumait des cigarillos dès le CM1 ; en s'esclaffant, il montrait son sexe en érection aux garçons et aux filles. Soso ne parlait pas très bien le français, il était musicien, souvent son père le battait quand ses grands frères rapportaient son comportement à l'école.

Soso était une espèce à part, systématiquement placé au fond de la classe, ignoré par les profs et les élèves. J'aimais l'observer et, en même temps, il me faisait peur. Il venait tous les jours, mais ne prêtait attention à personne et représentait à mes yeux tout ce que détestait le monde des adultes : la contestation, le sens de la provocation, la passion de la liberté.

Un jour, le maître d'école le gronda. Je pense que c'était une manière de l'intégrer, pas de l'humilier ni de le provoquer. Mais, le lendemain matin, la classe avait été saccagée, le tableau noir criblé de coups de marteau, les chaises et les tables renversées et l'extincteur vidé.

Contrôles au faciès

La cité était partagée entre l'Est et l'Ouest. La bande des gitans et celle des Arabes. Chacun défendait son territoire. Pour moi, ça se passait bien avec les gens des HLM. Notre bande, c'était plutôt « la jeunesse emmerde le Front national ». Dès le primaire, on parlait politique, et les électeurs FN étaient des dinosaures qu'on ne connaissait pas.

Quand on a quitté l'Ariane en 1993, la violence s'était exacerbée. Le quartier était maltraité par les institutions. Les contrôles au faciès à l'entrée et à la sortie créaient une frontière sociale, comme si la police protégeait les « riches », les habitants de Nice-centre, des autres, les classes populaires et les immigrés. Les gamins découvraient en grandissant qu'ils n'étaient ni vraiment français, ni tunisiens, ni algériens, et que la devise du « pays des droits de l'homme », « Liberté, égalité, fraternité », ne s'appliquait pas à eux.

Un ado nommé Kader ou Mohamed ne rentrait pas dans les boîtes de nuit. Arrivé en centre-ville en débarquant du bus 16, il se sentait surveillé dans les magasins et contrôlé par les flics. À force d'être stigmatisé comme voleur ou violent, on le devient facilement. À rebours de leurs parents, ultra-reconnaissants d'avoir été acceptés par la France, les enfants avaient la rage, et ils avaient raison.

19.

Milet, la mort de trop

Le 7 octobre 2016, Milet, seize ans, est morte écrasée par un camion. Elle était érythréenne et marchait au bord de l'A8 avec un groupe d'adolescentes pour se rendre d'Italie en France. Déjà, un mois auparavant, le 6 septembre, un jeune homme était décédé en chutant d'un viaduc de l'A8, à la hauteur du village de Sainte-Agnès, à la sortie de Menton. Il fuyait une patrouille de gendarmerie.

On vivait bien sur la frontière de tous les dangers, et j'avais un mauvais pressentiment : et si Milet appartenait au groupe d'une quinzaine de jeunes filles à qui j'avais refusé de l'aide, la veille, à l'église de Vintimille ? Me sentant responsable de sa mort, je descendis à l'église en panique. Don Rito me montra une photo, je ne la reconnaissais pas. Ouf. Milet était partie avant, avec d'autres. Mais je restais sur un sentiment confus, à la fois soulagé de ne pas l'avoir croisée et coupable de ne pas l'avoir sauvée. Je me sentais sale et troublé. Et je me demande toujours si Don Rito ne m'a pas menti ce jour-là pour me déculpabiliser.

Cette mort créa une forte émotion parmi les « solidaires ». Comment ne pas se révolter ? Lors de ses obsèques à l'église San Antonio, l'évêque, Mgr Antonio Suetta, lui rendit un hommage appuyé et bouleversant. Milet, dit-il, avait été « victime cinq fois » : du régime « injuste » de son pays ; de nos frontières « aussi légales qu'injustes quand elles viennent se claquer au visage des gens » ; d'une société « qui se dit civilisée » mais dans laquelle « il y a des couleurs qui appellent davantage la fraternité, l'égalité, la liberté que d'autres » ; de tous ces dossiers « qui s'empilent sur les bureaux de ceux qui ont le pouvoir » ; de notre hypocrisie.

Il n'y a jamais eu d'enquête sur sa mort. Quelles responsabilités dans l'accident ? Les droits de Milet avaient-ils été respectés ? Avait-elle été renvoyée de France vers l'Italie auparavant ? Comment le préfet pouvait-il assumer de mettre indirectement des enfants en danger ? Un mélange de rage et de douleur m'envahissait. J'avais la haine contre toutes les autorités. L'absurdité de la situation me motivait chaque jour un peu plus. Ma peur se transformait en force, rien ne pouvait plus m'arrêter, ni leurs uniformes ni leurs flingues.

Maintenant, je n'avais plus peur de la prison ni de prendre des risques. Je leur ferais la guerre, mais à ma manière, les insultant avec le sourire, les provoquant quitte à finir en procès. Même si cela peut paraître excessif, ils étaient pour moi les assassins de Milet, et je voulais la venger. Si je devais aller en prison, j'irais la tête haute, ne me cacherais pas, ne fuirais pas. Je les attendrais dans mon canapé en cuir troué et délavé qui pourrissait sur la terrasse. Le café serait prêt, je le leur offrirais avec plaisir : on est des gens civilisés, pas des sauvages.

20.
Délation

Dans la Roya, la délation était devenue un sport local. La population était en masse du côté de la police. Je sentais sur moi des regards emplis de haine, et les discours racistes se concrétisaient par des actes d'État. Les policiers ne contrôlaient que les Noirs, ils ne cherchaient ni armes, ni explosifs. Les Noirs, toujours les Noirs. La chasse aux Noirs était ouverte. Jamais je ne m'habituerais à cette traque frénétique. Comment détester autant une couleur de peau, jusqu'à ne plus ressentir la détresse d'un enfant ? Décidément, j'avais honte d'être de ce monde. J'aurais voulu crever pour ne plus voir ça.

Et pourtant, dans la vallée, des citoyens de tout bord politique aidaient, comme ce restaurateur qui m'appela un jour pour que je prenne un ado en charge :

– Tu sais, Cédric, moi je vote extrême droite, je suis contre la migration, mais je ne suis pas pour laisser ce gamin crever de faim. Je lui ai donné à manger, mais je ne veux pas d'emmerdes, je ne peux pas l'héberger, c'est pour ça que je t'ai appelé. Ce n'est pas parce qu'on n'est pas d'accord avec leur choix de venir chez nous qu'il faut les maltraiter. Regarde ce pauvre gosse, qu'est-ce qu'il y peut dans tout ça, lui…

Les larmes du gendarme

L'humanité refaisait parfois surface. Un matin, une vingtaine de jeunes filles marchaient le long de la route, à deux kilomètres de chez moi. Ces ados m'avaient demandé de l'aide à l'église de Vintimille, je leur avais suggéré d'attendre, faute de place. Sans m'écouter, elles étaient parties à pied. Elles avaient moins de seize ans, la plus jeune était encore une enfant, frêle et apeurée. J'imaginais l'angoisse de ses parents en la voyant partir. Ou peut-être avaient-ils galéré ensemble ? Étaient-ils bloqués en Libye, au Soudan, noyés dans la Méditerranée ?

Il fallait speeder. On les chargea dans les voitures, mais trop tard. Gyrophares allumés, la gendarmerie nous bloquait. J'ouvris la porte arrière en intimant aux gamines de s'enfuir, mais la plus jeune resta debout en pleurant, tétanisée par la peur. Les gendarmes, désemparés, la saisirent par le bras, elle hurla, se débattit et se jeta contre moi. Je regardai le gendarme, je ne voyais plus son uniforme, juste un gars de vingt-cinq ans bouleversé.

– Mais qu'est-ce que tu fous ? lui criai-je. Tu ne vois pas que tu terrorises une gamine ? Tu as signé pour faire peur à des enfants ?

Il recula de quelques pas, les yeux rougis. Les gendarmes ne savaient plus comment se comporter, mais, après cette hésitation, ils continuèrent d'appliquer leur routine. Ils embarquèrent vers la PAF les filles qui étaient revenues pour ne pas abandonner la plus jeune. Renvoyées en Italie, elles réapparaissaient chez moi le soir même, à dix de plus. La petite n'était plus pétrifiée, mais souriante et énergique, motrice dans le groupe. Un contraste saisissant. Ces adolescentes disposaient bien d'une carapace indestructible. Enfin, je l'espérais.

S'OUVRIR AUX MÉDIAS

Le camping prenait forme, avec des tentes montées sous les oliviers et une cuisine extérieure improvisée autour d'une grosse gazinière apportée par Emmaüs Marseille. Lucile, toujours souriante, préparait la grande casserole de thé. Dans mon salon régnait le bordel habituel, les gamins piaillant au téléphone. Les jeunes de l'église venaient désormais tout seuls jusque chez moi. Je perdais le contrôle de la situation.

Informé, Hubert se mit à rire.

– C'est pas drôle, Hubert ! On est débordés ! Je ne vois pas comment on va gérer tout ça. Les associations sont trop lentes. Il faut trouver un moyen pour que les flics arrêtent de faire de la merde et que les gamins soient pris en charge par le département.

– T'as qu'à médiatiser !

– Comment ça ?

– Ben, au lieu de refuser les journalistes, tu les acceptes.

– Suis pas très chaud, et je sais pas trop quoi leur dire.

– Tu verras, ça va le faire.

21.

Le journal américain

– T'as vu des Noirs et tu t'affoles ?

C'est ce que je lâchai, un peu énervé, aux quatre hommes de la police ferroviaire qui venaient de débouler sur le quai de la gare de Cannes, vers le petit groupe d'exilés que j'accompagnais au train.

Ce jour-là, nous avions inauguré le nouveau minibus, un spacieux Renault Master neuf places où l'on pouvait transporter huit personnes, voire davantage. Certes, il n'était guère convenable de convoyer des gamins pas attachés, mais comment leur expliquer que la ceinture était obligatoire en France, alors qu'ils avaient traversé la Méditerranée à deux cents dans une barque ? Le risque majeur pour eux, c'était la police, pas les platanes.

Le trajet s'était déroulé sans encombre. Un contact m'ayant prévenu que la gare d'Antibes était pleine de flics, nous avions poursuivi jusqu'à Cannes. En sortant du parking, je jouai au clown pour détendre l'atmosphère. Sur les marches en marbre blanc de cette gare luxueuse, mes grosses godasses de montagne déposaient du fumier de poule.

Dans le hall, rien à l'horizon, sinon ces vigiles qui, en voyant la noirceur du groupe, prévinrent la sécurité. Après une petite bousculade, nous avons couru comme des dératés, les flics à nos trousses, bondi dans le minibus et démarré en trombe. Sauvés! Après quelques kilomètres, je repérai dans le rétro intérieur deux jeunes inconnus: ils nous avaient vus décamper et étaient montés avec nous.

La scène s'était déroulée sous les yeux d'Adam Nossiter, un journaliste du *New York Times* qui m'avait fait une drôle d'impression en débarquant au camping. Il ne prenait quasiment aucune note et me regardait d'un air hébété, comme si notre histoire ne l'intéressait pas.

– Tu sais qui est Adam Nossiter? m'interrogea son photographe, Pierre Terdjman.

– Non.

– C'est un grand reporter, tu devrais le prendre au sérieux!

– Je le trouve bizarre.

– Il trouve surréaliste ce qui se passe dans cette vallée et est admiratif de la simplicité avec laquelle tu gères les choses. Joue le jeu, et tu verras de quoi il est capable.

Leur reportage claqua en une du *New York Times* le 5 octobre 2016. Sous le titre «Un réseau ferré clandestin français aide des migrants africains», Nossiter me présentait comme «un héros local pour certains, un hors-la-loi pour d'autres», et osait une formule frappante: «De jeunes Africains, certains encore des enfants, sont régulièrement expulsés de trains dans des scènes qui rappellent la persécution des juifs par les Français pendant la Seconde Guerre mondiale.»

La comparaison était osée, et, quand j'en utiliserais une similaire pour interpeller le préfet quelque mois plus tard, cela me vaudrait des ennuis judiciaires. Le journaliste ajoutait que j'étais « devenu de facto le chef d'un réseau discret de passeurs » qui « se dressent contre les efforts de la police dans une résistance quasi clandestine » pour combattre la réponse « inhumaine » du gouvernement. Nossiter dénonçait l'approche « confuse » de la France vis-à-vis des migrants : « Les policiers savent exactement où se trouve M. Herrou et ce qu'il fait. Pourtant, la plupart du temps, ils le laissent agir. »

Il concluait son long article en relatant une scène qui l'avait impressionné :

« Le 18 h 16 en provenance de Vintimille se glisse dans la gare de Menton-Garavan, la première du côté français de la frontière. Immédiatement, des policiers français anti-émeute prennent position sur le quai. Ils montent dans le petit train et trouvent ce qu'ils cherchaient : trois adolescents africains qui tentent de se faufiler en France. Les garçons, vêtus de lambeaux, reçoivent ordre de descendre, de vider leur vieux sac à dos. Des passagers bien habillés évitent de les regarder. Quand un train qui retourne vers l'Italie arrive, les garçons sont placés à son bord. Les policiers disent qu'ils n'aiment pas arrêter des migrants. "Ce ne sont que des mineurs, totalement impuissants", lâche l'un d'eux dans une grimace. Les cheminots n'aiment pas non plus, mais ils ne protestent pas. "Il y a des femmes et des enfants, murmure le chef de gare. C'est horrible." »

Cet article, que je n'avais pas lu, vu mon anglais déficient, connut un fort retentissement. Désormais, nous étions sur la carte des médias et dans le viseur de certains politiques. La guerre des mots et des images était déclarée.

La guerre des médias

En plus de la PAF, qui m'avait dans le pif, le gratin des people politiques se démenait. Éric Ciotti et Christian Estrosi, les deux hérauts d'une droite extrême sur la Côte d'Azur, alertèrent le gouvernement et le procureur pour mettre un terme à mes actions, que dis-je, mes provocations. Ils se sentaient défiés sur leur territoire et, comme toujours, se servaient de la question de la migration.

La droite extrême adore les étrangers, c'est son fonds de commerce. Il suffit d'examiner la communication d'Éric Ciotti : une farandole de faits divers perpétrés dans les quartiers ou zones populaires par des personnes a priori d'origine étrangère (en réalité souvent françaises). Mais est-il directement confronté aux étrangers ? Non. Il existe, car ils existent. Il en tire un commerce électoraliste, le commerce de la peur.

Il semble normal que certains citoyens soient effrayés quand la souffrance débarque chez eux, incarnée par des personnes qui ont vécu l'invivable et souffrent de traumatismes dont nous n'avons pas idée. Si on les rassurait, ces citoyens pourraient entendre et appréhender l'individu derrière cette tragédie. Mais les politiques de cette droite extrême agissent de telle sorte que les gens restent avec leurs craintes et ne désirent jamais comprendre les exilés. Surtout, ne pas rassurer : ils perdraient des clients.

« T'es fini, fichu, dead ! »

Lors d'une énième garde à vue, quelques semaines plus tard, un officier de police judiciaire me confia :

– T'as voulu les provoquer et tu as provoqué jusqu'au plus haut niveau, ils ne vont pas te lâcher, t'es fini, fichu, dead ! Tu as le rouleau compresseur derrière toi, ils vont t'écraser comme une merde. Si ce n'est pas cette fois, ce sera une autre…

Il n'avait pas tort, car, sans mauvais jeu de mots, le rouleau compresseur était *en marche*. Nous devions agir vite, très vite, changer de méthode, nous montrer incontrôlables, malins et imprévisibles. Comme un papillon léger, fragile, vif, volant au-devant du rouleau compresseur. Le papillon peut même se poser quelques secondes sur la machine, par provocation, plaisir ou goût du risque, mais il ne doit pas s'endormir ni même s'arrêter. Le rouleau compresseur écrase tout sur son passage – mais quelle idée d'utiliser un tel engin pour tuer un papillon ?

En réponse à leur guerre, j'utilisai leurs armes : la médiatisation et le juridique. Je devais m'entourer d'avocats et de juristes, jouer au neuneu et ne pas trop l'ouvrir devant les flics. Ils pensaient avoir affaire à un No Borders d'extrême gauche, voire anarchiste, qui allait bêtement continuer les passages. Mais, pour me coincer, ils avaient besoin d'un franchissement de frontière en flagrant délit, et ils ne l'auraient pas ! À mon tour de les coincer. Ils me méprisaient, et j'en faisais autant. Seule différence : eux étaient persuadés d'être intouchables.

J'employai une autre de leurs méthodes : désigner un ou des responsables, personnifier l'adversaire. Mes cibles ne seraient pas la police ni les gendarmes, qui exécutent des ordres, mais le préfet, qui incarne l'État, et Éric Ciotti. Je pensai d'abord à prendre une figure d'extrême droite, mais cela revenait à lui faire de la pub. Ciotti, c'était mieux : j'avais assez de distance et de mépris pour ne pas m'énerver, cet adversaire m'attendrissait par sa bêtise et son ridicule. Je les provoquerais jusqu'à ce qu'ils m'attaquent comme des chiens enragés. Il fallait que le papillon se pose sur leur joue et qu'ils finissent par se coller une grosse claque dans la gueule !

En revanche, je me refusai à utiliser une autre de leurs armes : la violence. Car nous ne serions jamais à forces égales. Même si le papillon a envie de frapper, il ne peut pas, il est trop léger.

22.

« Help me ! »

L'appel désespéré résonne encore à mes oreilles.

– Help me ! Help me !

Une femme me téléphonait depuis l'église de Vintimille. À sa voix, elle paraissait terrorisée. Je la rejoignis aussitôt. Elle tremblait. Lors d'une interpellation à Menton, elle avait été séparée de son bébé, ainsi que du père, et renvoyée seule en Italie. Empêchée d'allaiter, elle souffrait terriblement et soutenait ses seins douloureux avec une grimace.

Elle avait été arrêtée dans le train venant de Vintimille, un passage emprunté par les plus vulnérables, ceux qui n'ont pas d'autre choix. Familles, femmes avec enfants et handicapés se doutent qu'ils tomberont dans un piège. Les policiers guettent tranquillement sur le quai à Menton, montent à bord et scrutent chaque passager. Ils ne contrôlent que les personnes dites « de couleur ». Le plus souvent, ces interpellations se déroulent dans un minimum de respect et d'humanité. Mais si des exilés se planquent dans les toilettes, les flics n'hésitent pas à défoncer la porte et à traîner leur prise sur le quai. Parfois, le policier ou la personne interpellée pète un plomb. Trop de cris, trop de pleurs, trop de tensions.

Quand les flics grimpèrent dans son train, la mère se trouvait sur une banquette, isolée du bébé et de son père. Ils s'approchèrent d'elle.

– Contrôle d'identité, vos papiers.

Elle ne comprit pas, mais leurs gestes suffirent. Comme tous les exilés, elle voyageait sans documents, perdus, volés ou déchirés depuis longtemps. Un policier l'attrapa par le bras.

– Vous devez descendre du train.

La sale routine était à l'œuvre. Elle se débattit, hurla en tigrigna, cria à pleins poumons. Les passagers écarquillaient les yeux ou détournaient la tête, habitués à ces scènes qui se répètent de jour en jour sur le chemin du boulot. Dans un dernier effort, elle poussa les hommes en uniforme, puis retomba au sol, inerte. Deux policiers la relevèrent et la conduisirent jusqu'au quai. Elle se laissa trimballer, sans ressort. Après la révolte, le désespoir.

Le père observa la scène sans moufter. Par chance, les flics prirent ce papa portant un bébé pour un « local » et ne le contrôlèrent pas ; il allait passer la frontière sans encombre. Devait-il se lever d'un bond, protester, rejoindre sa femme, la défendre ? Ce réflexe protecteur serait inefficace ; il reviendrait à se jeter dans la gueule du loup. Parfois, la tragédie de la migration impose un désolant chacun pour soi.

Jusqu'au bout, il espéra qu'elle remonterait à bord. Pas de miracle. Les portes se fermèrent, le train repartit. Elle pleurait sur le quai.

Quand elle me raconta son histoire, quelques heures plus tard, une vague de colère m'envahit, mon corps entier se mit à fourmiller de rage. Jusqu'où irait-on dans l'infamie ? Les flics avaient certes agi en ignorant les conséquences, mais le résultat revenait au même. Combien de déchirements provoquaient-ils dans le seul but d'améliorer les statistiques de refoulés ?

J'acceptai de la conduire jusqu'à Marseille à la recherche de sa famille. La route est longue, plus de trois heures ; elle souffrait de plus en plus. Je m'arrêtai pour acheter un tire-lait. Comme la pharmacienne s'étonnait de ma demande, je lui expliquai la situation : elle resta bouche bée, stupéfaite, et m'offrit l'ustensile.

À Marseille, nous ne trouvâmes pas trace de l'époux avec le bébé. Nous apprîmes qu'il se méfiait, à raison, et qu'il avait poursuivi jusqu'à Paris, un lieu plus sûr et sans risque de refoulement express. Après trois jours interminables de séparation, elle les y retrouva.

Son histoire me révolte toujours.

« Camping Cédric Herrou » (CCH)

Mon téléphone sonnait sans discontinuer. Une femme avec un enfant, un groupe de jeunes, une famille en gare de Breil, Saorge ou Tende : tous appelaient à l'aide. On me réveillait d'Érythrée pour demander si le « plan » fonctionnait. Quand Tchen aboyait la nuit, on savait que des gens se pointaient. Et, comme je l'avais craint, on « débordait » d'hébergés, car chaque arrivant en informait d'autres qui à leur tour se précipitaient depuis Vintimille.

Avec ses deux caravanes héliportées, ses quelques tentes et sa guirlande de lumières bariolées, le « camping Cédric Herrou » (CCH) était devenu le centre d'accueil et d'orientation le plus proche de la frontière. Dans ce département qui refusait de structurer l'accueil, nous assurions un service improvisé qui carburait à l'énergie collective, propulsé par la bonne volonté des bénévoles de la Roya et les dons de généreux anonymes. Mais ce service éminemment public se retrouvait sous la menace de poursuites pénales. La situation se tendait de plus en plus.

Sur le marché de Breil, une cliente vint vers moi, effrayée :

– J'ai vu des gamins se faire courser par des militaires avec leurs mitraillettes. C'est horrible, on se croirait en guerre !

Je partis en courant. Une fois sur la voie ferrée, je filmai les « Sentinelle » avec mon téléphone. Les gendarmes observaient la scène sans l'once d'une réaction. Je laissai éclater ma colère :

– Les Sentinelle coursent des gamins dans les tunnels ! Et si un train arrive ? Vous savez que les tunnels sont étroits et qu'il faut se coller aux parois pour ne pas se faire écraser. Vous savez aussi que les gamins viennent en général du Sud-Soudan ou d'Érythrée, qu'ils ont connu la guerre… Quand des militaires en uniforme munis d'armes de gros calibre leur courent après, ils sont tétanisés à l'idée de se faire tuer. Ils ont pété un câble, vos copains ?

Des adolescents pourchassés sautèrent dans la Roya depuis un mur de six à huit mètres de haut. Les militaires abandonnèrent leurs proies aux courants du fleuve. Les jeunes remontèrent difficilement, certains avec des entorses aux chevilles. Par chance, aucun ne fut gravement blessé.

L'après-midi même, la brigade de recherche de la gendarmerie de Menton me convoqua comme témoin. Une enquête était ouverte. J'entendis à travers la porte mal isolée le témoignage d'un gendarme :

– Les Sentinelle sont devenus fous… Si un train était passé, les gamins seraient peut-être morts !

23.

Parano

La parano me gagnait. Je ne dormais que trois ou quatre heures, mon cerveau bouillonnait sans répit. On évacuait des gens tous les jours. Lucile et moi étions épuisés, la fatigue embrouillait nos idées, je ne distinguais plus la réalité de mes peurs. Les journalistes défilaient les uns après les autres : mêmes questions, mêmes plans vidéo… Ils me suppliaient d'organiser un passage de frontière rien que pour eux, comme si j'étais un acteur ou un créateur d'événement. La télé, c'est de la merde ! Je préfère la presse écrite, un des rares moments où quelqu'un m'écoute avec attention. J'arrive à me libérer, un peu comme dans une séance de psy. La radio aussi, j'aime bien, c'est intime, sensible, et ça titille l'imagination des auditeurs.

Je me couchais tout habillé, avec mes chaussures. J'avais récupéré un pistolet à grenaille. Les menaces de mort s'intensifiaient au fur et à mesure des articles de presse. Le pire se produisait dès qu'un politique critiquait mes actions : là, c'était la déferlante. Je gardais le flingue chargé à côté de mon oreiller et un fusil de chasse sur le toit. Les pas du chat se transformaient en attaque, le craquement du parquet en perquisition. Je ne fumais plus de pétards, car ils me rendaient trop parano. Ou bien m'aidaient-ils à réaliser dans quelle merde je m'étais mis ? Je ne comprenais pas pourquoi les flics ne me chopaient pas en bas de chez moi ou sur la route. J'avais du mal à croire qu'ils étaient aussi incompétents. Ou alors, ils me poussaient à la faute.

Nos conditions d'hébergement se détérioraient. Nos hôtes dormaient à cinq par tente, dans des couvertures de survie. C'était l'automne, il pleuvait chaque jour ; tout le monde était trempé, les pieds dans la boue. Le camping Herrou était prévu pour sept à quatorze personnes. À sept, c'était confortable. À quatorze, ça devenait impossible. Alors, à quatre-vingts par terre… Un carnage. On creusait des trous pour les besoins. Heureusement, on ne manquait jamais de rien : notre ami Pakeret, qui coordonnait les dons, apportait à manger et des couvertures.

Partout dans la vallée, des citoyens hébergeaient en cachette, mais cela ne suffisait plus. Le préfet nous laissait nous enfoncer. Je l'imaginais se dire : « Herrou va se planter. Il y aura un drame, et ça lui donnera une bonne leçon. »

J'avais joué la carte de la com', et ils entendaient m'écraser par la com'. Il suffisait que, à la suite d'une perquisition, des photos montrant quatre-vingts personnes qui dorment au sol sortent dans les médias… On devait réagir.

– Il faut virer tout le monde ou ouvrir un squat ailleurs, sinon on va droit dans le mur, dis-je à Lucile.

On partit pendant trois jours en laissant la garde du camping à des amis, et, au retour, on avait notre idée : créer un lieu d'accueil et de revendication dans la vallée.

24.

Un squat aux Lucioles

Dans l'ancienne colonie de vacances SNCF transformée en refuge pour les personnes en exil, certains bénévoles nettoient, d'autres réparent les fenêtres cassées ou aménagent les dortoirs. Tout le monde travaille ensemble, les langues se mélangent, du français au tigrigna, de l'arabe à l'italien. Voir toutes ces personnes de diverses sensibilités, de divers statuts sociaux, âges ou nationalités, mobilisées pour une même cause redonne confiance en l'humanité. Organisation fluide, ambiance chaleureuse. La plupart d'entre nous agissaient dans la clandestinité ; désormais, nous voulons dévoiler au grand jour ce que notre vallée subit.

La France doit considérer les conséquences de cette chasse aux immigrés, je ne vois pas pourquoi nous accepterions d'en être les victimes collatérales. Que le préfet agisse sur directive du ministre de l'Intérieur et sans états d'âme, c'est compréhensible, car il est payé pour ça. Mais nous, paysans, infirmiers, professeurs d'école ou retraités, femmes et hommes doués de raison et de conscience, nous œuvrons dans un esprit de fraternité. Ce n'est affaire ni de conscience politique ni de militantisme. Habitants d'une petite vallée que nous aimons, nous ne pouvons rester inertes face à la détresse.

Ce 17 octobre 2016, nous décidons à l'unanimité, avec le groupe d'Érythréens et de Soudanais présents chez moi, ainsi qu'un collectif d'associations, d'investir le site des Lucioles, à Saint-Dalmas-de-Tende. Avec René, on part en éclaireurs. Jeune retraité, ancien prof dans un lycée, ce beau gosse plaît toujours autant avec son regard perçant gris-bleu. Montagnard, il connaît tous les cols et sentiers de la vallée. C'est l'un des membres actifs de Roya citoyenne, impliqué sur tous les fronts pour maintenir la vallée en vie.

Jusqu'en 1991, cette colonie de vacances accueillait des centaines d'enfants d'ouvriers SNCF. Depuis, ces belvédères dominant trois hectares de terrain sont abandonnés : fenêtres du rez-de-chaussée brisées, câbles électriques dépouillés, intérieur saccagé. Notre collectif, baptisé CRS (Collectif Roya Solidaire), installe une cuisine, l'eau, la pharmacie. Christian, mon père, est à nos côtés. Le voir m'accorder sa confiance les yeux fermés, lui très intègre et respectueux de la loi, me touche profondément. Le réseau clandestin Herrou est en marche, rien ne peut le freiner… Enfin, presque !

Quelques minutes plus tard, les gendarmes nous arrêtent alors que je téléphone au volant. Je balbutie quelques excuses, expliquant que le froid et la pluie nous obligent à mettre à l'abri chez des habitants de la Roya les six jeunes qui sont assis à l'arrière.

– Ils ont des papiers ?

– Non…

Le gendarme téléphone à son supérieur et nous laisse repartir. Ouf ! Le képi ne rend pas forcément insensible…

Aux Lucioles, l'info circule déjà, comme d'habitude amplifiée : « Cédric s'est fait choper ! »

Au rez-de-chaussée, transformé en cabinet médical, Médecins du monde s'active. Un médecin décontenancé soigne un jeune homme d'une vingtaine d'années qui se plaint de douleurs à la cheville. La plaie est refermée, mais il a encore une balle dans la jambe. Le médecin explique qu'il ne pourra malheureusement pas l'opérer pour la lui retirer.

Richard, ancien cuisinier en chef de la Fête de l'olive, prépare le repas pour les cent cinquante personnes présentes. Je pense à ma maison désormais vide. M'y reposer enfin ? Ce qui se passe ici est si beau et si intense que je ne voudrais le rater pour rien au monde.

Exfiltration

Douze heures à peine après notre intrusion, les gendarmes mobiles encerclent les Lucioles. Ils sont une centaine, agressifs au premier abord. Mais ils acceptent de laisser l'accès libre afin d'acheminer la nourriture et les soins pour les cinquante-huit personnes hébergées. À l'entrée, je reconnais mes copains de la PAF, les deux testostéronés à l'humour acerbe. Désigné porte-parole, je présente nos revendications : les majeurs veulent accéder à la demande d'asile ; les mineurs non accompagnés requièrent une prise en charge par le département ; nous demandons à l'État français de relayer nos actions et de considérer l'état de nécessité des personnes, qu'il agisse sur un plan humanitaire et administratif, donne accès aux droits en créant un lieu d'accueil dans la vallée, ou bien qu'il nous laisse nous en occuper en mettant un lieu à disposition.

Pas très punk, comme revendications ! On n'exige pas l'abolition des frontières, juste le respect de la loi. Je précise aux gendarmes que l'organisation du collectif est horizontale, que je m'exprime en tant que porte-parole, et non comme chef, que les décisions se votent à la majorité et à part égale. Les mineurs isolés et les demandeurs d'asile s'impliquent dans la construction des revendications.

Pendant qu'un match de foot s'improvise entre jeunes de Saint-Dalmas et Érythréens, un responsable de la SNCF débarque avec un huissier qui constate la présence de « personnes d'origine africaine en situation irrégulière ». Comment peut-il tirer cette conclusion ? Qu'elles soient noires ne suffit pas à prouver leur irrégularité administrative ! Aucun gendarme ni policier n'a procédé à des contrôles d'identité. Ce manquement ahurissant illustre le mépris que nous porte la PAF. Il me permettra d'être relaxé quatre ans plus tard.

La nuit suivante, Pierre-Alain Mannoni, chercheur au CNRS, exfiltre trois jeunes femmes mal en point pour les accompagner jusqu'à Nice. Comment peut-il penser que sa voiture ne sera pas identifiée au péage de La Turbie ? Sans surprise, il est interpellé, et les filles renvoyées en Italie.

Une discussion houleuse secoue le collectif. Certains veulent exfiltrer les exilés, d'autres, comme moi, préfèrent rester sur place. Logique : nous visons une solution à long terme. Sinon, à quoi bon ouvrir ce squat ? On aurait pu les aider à partir avant. Nous votons, le collectif est majoritairement pour l'exfiltration. Cette option me semble irresponsable. On trouve un compromis : exfiltrer les majeurs, qui risquent d'être renvoyés en Italie lors de l'évacuation. Et garder les mineurs, pour qu'ils soient pris en charge par le département.

En début de soirée, un journaliste m'appelle : il veut m'interviewer le lendemain matin à 7 heures. Pourquoi si tôt ?

– Monsieur Ciotti m'a prévenu que vous seriez évacués à 7 heures...

– Merci pour l'info !

23 heures : l'exfiltration se prépare. Les voitures sont en place sur le parking de la gare. J'accompagne la cohorte de majeurs sur le petit chemin de trois cents mètres, caché entre le stade de foot et les bâtiments. Ils iront par groupes de quatre et rempliront une voiture après l'autre. Surtout, rester calme et organisé.

Mais mon plan ne fonctionne pas, un mouvement de panique nous coûte quelques minutes, je consulte ma montre, les flics vont arriver. Il nous reste trente secondes pour les éviter. Les voitures s'engagent en file indienne sur la route, feux éteints. J'ai peur. Je cours jusqu'à l'intersection, mon cœur bat la chamade, putain, putain ! Au loin, les voitures tournent à gauche pour remonter la vallée, quelques fragments de seconde avant que les gendarmes ne surgissent. Ils ralentissent et me dévisagent. Ils n'ont rien capté.

Je n'en reviens pas. Nous avons réussi à leur barbe, impensable ! Même si ce n'était pas mon idée et que j'y étais radicalement opposé, je suis très fier d'appartenir à cette équipe, et heureux que ma position ne l'ait pas emporté.

25.

La fin de l'immunité

Deux hommes se présentent le lendemain matin. Ils ont l'air d'importance : le procureur de la République Jean-Michel Prêtre et François-Xavier Lauch, directeur du cabinet du préfet. Notre initiative intéresse en haut lieu ! Très bien habillés, assez classe même, ils détonnent avec nos vêtements à la mode Roya. L'allure et le regard du procureur m'inspirent confiance, il semble honnête et plutôt sensible. Et pourtant, Jean-Michel Prêtre sera rétrogradé en 2019 comme avocat général à la cour d'appel de Lyon après avoir géré « à la niçoise » une enquête sur des violences policières lors d'une manif à Nice. Balancée à terre par des policiers, Geneviève Legay, militante des droits de l'homme septuagénaire, a été gravement blessée. Dans un premier temps, le procureur soutient qu'aucune force de l'ordre ne l'a touchée. L'enquête démontre le contraire. D'où sa mutation-sanction.

L'envoyé de la préfecture, qui semble tout droit sorti de la pouponnière, est une vraie tête à claques. Sans émotion, un disque dur, une machine formée à l'ENA, prête à exécuter un programme de manière mécanique et efficace. Pas d'états d'âme. Quelques mois plus tard, François-Xavier Lauch deviendra chef de cabinet d'Emmanuel Macron à l'Élysée, supérieur hiérarchique d'Alexandre Benalla, puis sera promu Préfet – l'un des plus jeunes préfets de l'histoire...

Je leur explique comment les procédures illégales de l'État nous poussent à certaines actions, comme cette occupation. Puis, profitant de l'accès direct à de hauts responsables, j'aligne les questions. Comment procéder quand les gamins et adultes arrivent chez moi ? Comment protéger leur intégrité physique et morale ? Qui considérera leur demande d'asile, qui obligera le département à prendre en charge les mineurs non accompagnés ?

Un vrai dialogue de sourds ! Aucun des deux ne me répond précisément, et Lauch s'étouffe à moitié :

– Mais ils n'arrivent pas tout seuls chez vous !

– Si, bien sûr qu'ils arrivent tout seuls ! Par la route, par les chemins de montagne, par les voies de train la nuit !

Le procureur considère comme inadmissible de lâcher des gamins dans des gares : si des enfants sont chez moi, il me suggère de prévenir immédiatement l'aide sociale à l'enfance (ASE). Mais j'ai appelé l'ASE pendant des heures sans obtenir de réponse... Et les enfants sont renvoyés en Italie selon une procédure systématique ordonnée par l'État.

– La gestion de la fermeture de la frontière, c'est l'État, pas moi, se défausse le procureur en regardant le directeur de cabinet.

Lauch lui rétorque qu'il ne refoule pas d'enfants en Italie. C'est plutôt triste de les voir se refiler la patate chaude, mais l'heure est à l'évacuation du squat. Ils vont embarquer les majeurs, l'ASE se chargeant des mineurs. Je suis soulagé :

– De toute façon, il n'y a plus que les mineurs, les majeurs sont partis.

– Comment ça, « partis » ?

– Oui, « partis ». Nous avons été prévenus hier soir de notre expulsion par un proche d'Éric Ciotti.

« Garde à vue, Cédric ! »

Les gendarmes mobiles attrapent les ados par le bras, comme un paysan saisirait un poulet avant de le saigner. Clic-clac ! Mes deux « potes » de la PAF me menottent avec un grand sourire :

– Garde à vue, Cédric !

Les gendarmes ont été dessaisis au profit de la PAF, et les policiers se montrent plutôt courtois. Je n'ai pas peur comme lors de la première interpellation. Le dossier est vide, le passage de frontière impossible à caractériser. Leurs questions portent sur les articles de presse : est-ce que je cherche les personnes à Vintimille ? Ou bien des complices conduisent-ils les exilés jusqu'à la frontière, où je les récupère ? Idée intéressante, mais ce n'est pas ma pratique.

– Vous organisez l'ouverture d'un lieu pour en faire une habitation ?

– Non, j'ai déjà une maison. Le but, c'est qu'il n'y ait plus personne chez moi.

– Vous accueillez les individus qui se présentent ou vous ciblez les personnes ?

– Quand je me lève le matin, ils sont déjà là, et je ne sais pas quoi faire d'eux.

Ils reviennent sur la précédente garde à vue.

– Combien de migrants êtes-vous allé chercher en Italie pour les conduire en France ?

– Environ deux cents.

Pas d'immunité

Les policiers me cuisinent jusqu'au dernier moment, avant de me transférer dans la souricière du tribunal de Nice, une petite cellule aux murs mouchetés de sang. Déchaussé, ceinture confisquée, élastique de mon chignon retiré, je ressemble à un junkie, le pantalon tombant, l'air dépité. J'y attends toute la journée. Je pue l'animal sauvage. Quatre jours que je ne me suis pas lavé. Dans ces cinq mètres carrés, l'odeur est comparable à celle d'un squat, l'encens allumé tentant de camoufler la puanteur ammoniaquée de l'urine.

Il y a de la sauce tomate sur les murs. Ah non ! C'est de la merde… Les chiottes à la turque sont recouvertes d'une croûte craquelée jaunasse qui tire sur le marron. Des moustiques jamais vus ailleurs la survolent ; sûrement une espèce endémique ? Même si je suis préparé à cette torture psychologique, je subis l'humiliation. Dont je connais le but : si on se sent soi-même une merde, on accepte que la justice nous considère ainsi.

En fin de journée, la substitut du procureur me place sous un contrôle judiciaire qui m'interdit toute sortie du département et me retire mon permis de conduire. Sans voiture dans la Roya… Compliqué. Et je ne peux plus passer par l'Italie pour aller à Nice. Je dois prendre par les cols, mais comment ? À pied ? J'ai l'impression d'être condamné avant d'être jugé.

Trois autres personnes du collectif ont été placées en garde à vue, mais libérées sans poursuites ; je reste la seule cible, renvoyé en correctionnelle en vertu de deux incriminations. D'abord, « aide à l'entrée, à la circulation ou au séjour irréguliers d'étranger en France ». Ensuite, « installation en réunion sur le terrain d'autrui sans autorisation en vue d'y habiter». Pour le premier délit, puni d'une peine maximale de cinq ans de prison et trente mille euros d'amende, l'immunité dite humanitaire est possible. J'en ai bénéficié après ma première garde à vue.

Mais, curieusement, le procureur a changé d'avis. Pourtant, contrairement au mois d'août, il n'y a pas eu d'aide à l'entrée en France. Cherchez la logique… Elle semble plus politique que juridique. S'il serre la vis, c'est pour envoyer un message clair: arrêtez d'héberger, sinon on vous fout en taule. Mon traitement a une vertu d'exemplarité. Je paye pour avoir exposé le problème dans l'espace public.

À mon retour à la maison, quinze personnes sont déjà là. Je n'ai pas le droit de les héberger, mais elles sont là. Je n'ai pas le droit de les nourrir, mais elles sont là. Je n'ai pas le droit de leur donner des conseils juridiques, mais elles sont là. Je suis en colère contre cette justice aveugle. Croit-elle qu'on fait mumuse?

Fou de rage, je me pointe à la gendarmerie de Breil:

– Maintenant, qu'est-ce qu'on fait?

Pas de réponse.

26.

« Azuréen de l'année »

Si deux cheveux lui étaient restés sur le caillou, Éric Ciotti les aurait perdus en découvrant l'édition de *Nice-Matin* du 29 décembre 2016. Contre toute attente, les lecteurs m'élisaient « Azuréen de l'année ». J'étais « un symbole d'humanité » qui incarnait « la politique de la main tendue ». Sur les dix « candidats », parmi lesquels le président du club de foot de l'OGC Nice, un gugusse de Koh-Lanta et une femme en lutte contre une maladie grave, j'avais obtenu 55 % des suffrages. Un triomphe !

Dès le lendemain, *Nice-Matin* publia la « réponse » de Ciotti : « Non, M. Herrou n'est pas l'Azuréen de l'année ! » Le résultat lui restait en travers de la gorge, et c'était un euphémisme : « Dans un département de plus de un million cent mille habitants, quel crédit accorder au vote de quelques milliers de personnes probablement mobilisées selon les bonnes vieilles méthodes de l'extrême gauche ? » Il attaquait fort : « Qui peut dire avec certitude que dans les centaines de migrants que M. Herrou se targue d'avoir fait passer ne se dissimule pas un futur terroriste ? »

Il prétendait à tort que le conseil départemental faisait son travail. Or nos équipes accueillaient plus d'enfants que ses propres services, qui se chargeaient à ce moment-là de deux cent dix mineurs isolés ! Ciotti ignorait encore qu'il deviendrait bientôt « complice » de nos actions, forcé d'affréter des bus pour récupérer des mineurs dans la Roya.

Le président du conseil départemental m'avait dans le viseur depuis ma sortie sans poursuites après ma première garde à vue. Le 22 septembre 2016, cette assemblée, à majorité de droite, avait voté une motion pour s'opposer à l'accueil d'exilés refoulés de Calais, comme l'envisageait alors le gouvernement pour désengorger la « Jungle ». Ciotti en faisait une affaire de principe, quitte à mettre des mineurs en danger ou à se placer dans l'illégalité. Et l'État allait malheureusement dans son sens, sans gêne.

Une plainte pour rien

Début décembre 2016, deux cent cinquante-sept habitants de la Roya déposèrent une plainte contre X visant les autorités françaises, assortie d'une pétition expliquant :

« Les pouvoirs publics refusent d'accueillir dignement dans notre vallée, dans le département, dans la région PACA, des hommes, des femmes et des enfants en danger de mort. Nous demandons que ces derniers respectent la loi et leurs obligations. La solution aux questions migratoires sera politique ou ne sera pas. Nous exigeons l'ouverture de centres d'accueil et d'hébergement d'urgence pour que ces populations soient dignement accueillies le temps des démarches. »

Cette plainte avait une histoire. La peur gagnait les habitants de la vallée. Les mineurs s'y trouvaient par centaines, et le département refusait toujours la prise en charge. Françoise Cotta eut une idée : pourquoi ne pas saisir les tribunaux ? Elle proposa d'initier une procédure judiciaire pour « délaissement de mineurs isolés étrangers ». Nos cibles ? Éric Ciotti et le préfet, Georges-François Leclerc.

Ciotti nous discrédita aussitôt en parlant d'une « poignée d'activistes » et exhorta le ministère de l'Intérieur à « traquer, sans aucune complaisance, ceux qui exploitent la détresse humaine ». Selon lui, la Roya risquait d'évoluer vers « une zone de non-droit » que géreraient des hors-la-loi « aveuglés par l'idéologie de la mouvance d'extrême gauche ». Une zone de non-droit ? Mais c'était déjà le cas ! Si ces gamins étaient chez moi, c'était tout simplement parce que le département les délaissait. Il était gonflé. On assurait son boulot, et il nous traitait de gangsters !

Même si nous détenions des preuves tangibles, notre plainte n'aboutit pas. Les mineurs ne souhaitaient pas s'y associer, et nous n'étions pas les victimes. J'avais cependant du mal à comprendre l'obstination des autorités. Tel un entonnoir, le rétablissement du contrôle aux frontières ne permettait que de ralentir le flux migratoire, pas de le stopper. Le préfet se gargarisait de chiffres, prétendant en cette fin 2016 que trente-trois mille « étrangers en séjour irrégulier » avaient été interpellés depuis janvier, soit six mille de plus que pendant toute l'année 2015. La traque fonctionnait à plein régime, mais il omettait de préciser l'essentiel : la plupart des migrants avaient sans doute réussi à passer ! Son calcul biaisé comptabilisait plusieurs fois les mêmes personnes. L'objectif : faire peur à la population.

27.

Le procès

– Mesdames, messieurs, la Cour : levez-vous !

Nous sommes le 4 janvier 2017. Je n'ai jamais mis les pieds dans un tribunal. Je me rends vite compte qu'il s'agit d'un théâtre, une vaste comédie. Ce matin, j'ai eu du mal à m'extirper de mon lit. Peur d'être jugé, d'affronter le procureur ? Sans doute. La justice niçoise ne m'inspire rien de bon. L'emprise d'une droite dure imprègne la ville : jusqu'où s'immisce-t-elle ? En 1999, le procureur Éric de Montgolfier avait été nommé pour « faire le ménage » au tribunal. Dossiers perdus, instructions bâclées, pouvoir occulte de certains francs-maçons, complaisance avec l'extrême droite… tout ce que l'on appelait pudiquement les « particularismes locaux ». Je crains une condamnation pour l'exemple, tant ce procès est politisé.

Avant de partir, j'ai pris mon café avec Hassan et les autres. Ils attendront mon retour près du feu. On s'embrasse comme si c'était la dernière fois. La boule au ventre, je visse mon béret sur mon crâne, enfile mes grosses godasses. Hassan garde les clés imaginaires du camping. Il vit à la maison depuis plusieurs mois. Il a fui le Tchad il y a deux ans, mis en danger par son orientation sexuelle.

– Dieu t'aime, il te protégera, me glisse-t-il.

Sur la place du palais, une foule m'acclame. Je suis gêné par le nombre et le bruit. Tout ça pour moi ? Les journalistes me mitraillent de questions sans intérêt. Je monte lentement les marches. Les mots gravés sur le fronton, « Liberté Égalité Fraternité », me redonnent espoir. Hubert est à mes côtés, ça me rend fort. « Ce que je fais n'est pas un sacrifice, c'est un honneur », dis-je aux médias. « Libérez Cédric, on vous envoie Ciotti ! » crie la foule.

À l'intérieur, ça fourmille de tous côtés. Les robes des avocats valsent entre les bancs, la greffière gesticule sous une montagne de paperasse, les journalistes se ruent sur les places libres. Nous sommes dans la salle des assises, là où d'habitude on juge les crimes. Raison purement logistique : c'est celle qui offre le plus de places, et les magistrats n'avaient pas prévu autant de soutiens. Ça met dans l'ambiance.

– Silence dans le public, téléphones éteints.

Il y a trois juges, et je retrouve le procureur Prêtre, qui semble davantage dans son élément qu'aux Lucioles. Je les observe un à un, les imagine aux chiottes le matin avant de partir au boulot, ça me détend. L'audience est interminable. Zia Oloumi, mon avocat, m'a prévenu : « Ce n'est pas à Nice qu'on gagnera, ni même en appel à Aix-en-Provence, mais plutôt en cassation. Dis-toi que ce procès est une formalité. Pour être bien jugé, il faudra partir loin d'ici. »

Mais j'ai de la chance, la présidente est bienveillante et consciencieuse, elle m'écoute avec attention.

– J'ai ramassé des gamines qui ont passé douze fois la frontière. Il y a eu quatre morts sur l'autoroute. Mon inaction et mon silence me rendraient complice, je ne veux pas l'être. Des familles souffrent, l'État a rétabli le contrôle aux frontières et n'en gère absolument pas les conséquences. Je le fais parce qu'il faut le faire.

J'explique que mon seul souci est d'éviter des drames. Et que je suis victime de mon succès, si l'on ose dire.

– L'histoire s'écrit tous les jours, c'est notre devoir de nous lever quand les choses vont mal. Je ne veux pas avoir honte dans vingt ans. Si je dois continuer, je continuerai.

Les témoins défilent. Teresa Maffeis, militante niçoise, décrit la façon dont les exilés, « qui pensaient arriver dans un État libre », sont refoulés, sans se plaindre.

– Ce sont des personnes avec des problèmes psychologiques, accidentées, perdues…

Elle ne comprend pas ce que je fiche devant le tribunal.

– Cédric représente pour les plus jeunes une figure paternelle, il en a sauvé beaucoup d'une fin qui aurait pu être tragique.

Corinne Godard, une infirmière de Médecins du monde qui intervient chez moi, décrit ces jeunes de treize ou quatorze ans blessés aux pieds après avoir traversé la montagne en tongs.

– Ils souffrent de lésions cutanées. Parfois, ils ne peuvent plus marcher. Le mieux à faire, c'est de les mettre au chaud.

Patricia Cadoret est une autre infirmière. Humainement, il est impossible de refuser d'aider, dit-elle. Mais certains hébergeants sont épuisés. L'accueil bouffe du temps, de l'énergie, de l'émotion.

– Au début, nous n'étions qu'une poignée pour aider, explique René Dahon, membre de Roya citoyenne. Aujourd'hui, nous sommes plus nombreux.

René cite le village de Saorge : trois cents habitants et une trentaine de migrants hébergés. Un peu plus bas dans la vallée, Breil est la première commune transfrontalière témoin de cette détresse humanitaire, explique Michel Masseglia, adjoint au maire.

– En milieu rural, dit-il, quand on croise quelqu'un en danger, on ne détourne pas la tête, on s'arrête et on ne lui demande pas ses papiers. Cinquante personnes devraient être ici avec Cédric. Je suis aussi Cédric Herrou !

Indifférent à ces arguments, le procureur requiert huit mois de prison avec sursis. Moment désagréable, l'impression de me faire gifler dans un sens, puis dans l'autre. Assez dédaigneux, il demande : pourquoi les gens voudraient-ils venir en France, ils ne sont pas bien en Italie ? Culotté, il trouve qu'on parle « un peu pompeusement d'action humanitaire ». Je serais le meneur d'une « action collective de désobéissance » qui poursuivrait un but « idéologique et politique » : ouvrir les frontières pour permettre à des « migrants clandestins » de s'installer en France au mépris de la loi.

Le magistrat prétend contre toute évidence que j'ai « décidé de ce procès dans une stratégie de communication ». Hélas, je n'ai pas ce pouvoir. C'est lui qui me poursuit, pas l'inverse. Sans doute regrette-t-il l'immunité humanitaire octroyée en août. Notre idée se confirme : je suis jugé parce que j'ai parlé publiquement de notre action.

Lors d'une suspension, je sors fumer, mais les journalistes me guettent. Les flics de la PAF me proposent de les rejoindre aux toilettes du parquet. On clope en cachette, comme au collège, avant le dernier round, la plaidoirie de Zia Oloumi, mon avocat et ami. Il réclame la relaxe : rien ne prouve que les personnes présentes aux Lucioles étaient en situation irrégulière. J'ai agi dans un but humanitaire, sans contrepartie, je mérite donc l'immunité. Puis le jugement est mis en délibéré. On attendra la décision. Drôle d'impression, comme de participer à un jeu télévisé sans connaître le gagnant.

À la sortie, la nuit est tombée, les journalistes se ruent sur moi comme des corbeaux sur une vache qui agonise. Sur la place pleine, les slogans fusent. Je flippe devant cette agitation. Impossible de discuter avec mes amis. J'avise un bar qui ferme, me faufile et supplie le serveur. Il m'indique une porte à l'arrière. Je fuis comme un voleur, sans remercier tous ces soutiens qui ont patienté pendant des heures.

Le lendemain, le même tribunal relaxe Pierre-Alain Mannoni, poursuivi pour avoir convoyé les trois Érythréennes récupérées aux Lucioles. Le chercheur du CNRS a agi « pour préserver leur dignité » et doit bénéficier de l'immunité humanitaire, estiment les magistrats. Le parquet, qui avait requis six mois de prison avec sursis, fait immédiatement appel. Cette relaxe ne plaît pas non plus à Christian Estrosi, alors président du conseil régional. Il se permet de critiquer une décision de justice :

– C'est une insulte au travail des forces de l'ordre qui mettent leur vie en danger pour protéger la nôtre.

L'élu de droite rappelle que « certains djihadistes se sont fait passer pour des migrants pour rentrer sur le territoire national ». Toujours la même rhétorique.

28.

Une victoire pour les mineurs

Encore un homme gris au teint vitreux avec qui le courant ne passait pas. Dépêché à la gendarmerie de Breil pour récupérer trois jeunes Maliens, ce directeur d'un foyer de l'enfance à Nice me reprocha d'emblée mes conditions d'hébergement « indignes ». Je lui répondis sèchement : s'il trouvait que je ne faisais pas assez bien son travail, il n'avait qu'à s'en charger lui-même.

Il ne prit pas la peine de saluer les gamins, par peur de les toucher. Son explication : les jeunes arrivant de chez moi souffraient de la gale.

– Ils l'attrapent en Libye, donc bien avant, lui dis-je. La gale ne se transmet pas par une poignée de main. Il suffit d'éviter de dormir avec eux. J'imagine que ce n'est pas une pratique courante chez vous, du moins je l'espère.

Ma provocation le choqua, tant mieux. Je vis dans son regard le mépris qu'il vouait aux gamins comme à moi, et je m'en fichais. Le département s'activait enfin grâce au maire de Fontan, un copain de Ciotti pourtant pas connu pour ses engagements humanistes. Il avait alerté le conseil départemental à propos des habitants de son village qui hébergeaient des mineurs. Une intervention plus efficace que les centaines de requêtes qu'on avait envoyées par courrier.

Recours gagnant au juge

La situation se débloqua pleinement quand Mireille Damiano, avocate spécialisée en droit de la famille, trouva une technique pour obliger le département à prendre en charge tous les gamins isolés : il suffisait de faxer à la juge des enfants un signalement de mineur en danger. Succès ! La juge délivra une ordonnance de placement provisoire (OPP) à l'ASE. Des éducateurs vinrent les chercher, mais ils s'inquiétaient des contrôles sur la route :

– Habituellement, comment faites-vous pour les conduire jusqu'à Nice ? Vous n'avez pas de problèmes avec la police ?

Quelle question naïve…

– Je crois que c'est bien le fond du problème… Je suis en procès pour cela !

Les gendarmes les rassurèrent : il n'y aurait pas de souci, les « points de passage autorisé » étaient prévenus. Nous avions gagné ! Les mineurs isolés bénéficiaient enfin du droit, et notre quotidien, avec Lucile, devenait un peu moins compliqué.

Mais il restait un sérieux problème pour les majeurs, toujours privés d'accès à la demande d'asile. Conséquence logique : ils se déclaraient mineurs dans l'espoir de pouvoir aller jusqu'à Nice. Et nous nous retrouvions avec des dizaines et des dizaines de « mineurs » à la maison. Ce n'étaient plus des voitures, mais des bus de quarante-huit places que l'ASE envoyait pour les récupérer.

Difficile pour nous d'opérer un tri. Selon la loi, la minorité est déclarative. La juge délivre une OPP, et par la suite les mineurs sont évalués afin que leur minorité soit confirmée ou infirmée. J'essayai de dissuader ceux que je considérais comme majeurs de se prétendre mineurs, et certains comprirent. Mais l'accès à la demande d'asile devait être étendu : c'était le seul moyen d'éviter ces « tricheries ».

Une idée me vint. Osée, mais à tenter. J'appelai Jean-Marc Galland, directeur de cabinet d'Éric Ciotti.

– Monsieur Galland, j'imagine que vous vous êtes rendu compte que de jeunes majeurs se prétendaient mineurs ?

Il tomba des nues.

– Monsieur Herrou, je suis étonné de vos propos. Vous reconnaissez que des majeurs fraudent ? Cela place le conseil départemental dans une position très inconfortable. Malgré notre bonne volonté, nous avons des places limitées. Ces majeurs prennent la place de vrais mineurs qui, eux, sont légitimes ! Et tout ça avec l'argent du contribuable !

– C'est bien ce dont j'aimerais vous parler. J'essaie d'éviter que des majeurs abusent, mais ce n'est pas mon rôle de trier. Savez-vous pourquoi ils agissent ainsi ?

– Heu... ben... pour passer les barrages policiers !

– Pas exactement. S'ils trichent, c'est faute de pouvoir accéder à la demande d'asile depuis la Roya. Ils ne peuvent pas se rendre à Nice pour enregistrer leur demande en préfecture. Je vous rappelle que les mineurs sont à la charge du département, et les majeurs, à celle de l'État.

Puis je tentai un coup :

– J'imagine bien que Monsieur Ciotti ne pourra pas, vu sa posture, exiger du préfet que les demandeurs d'asile accèdent à leurs droits afin qu'ils n'abusent plus de vos services ?

Jean-Marc Galland me donnait l'impression d'être honnête ; pas sûr qu'elle était réciproque.

– Monsieur Herrou, je ne mettrai pas en doute le droit de ces personnes, mais ne pensez-vous pas que la France est à son maximum ? Elle ne peut pas accueillir toute la misère du monde !

– Je ne me permettrai pas de critiquer vos idées politiques, j'essaie d'être pragmatique. Je n'attends pas de Monsieur Ciotti qu'il se déclare publiquement pour l'accès au droit des demandeurs d'asile, mais simplement qu'il expose au préfet ou au ministère de l'Intérieur notre problématique, qui est dorénavant la sienne.

Blanc au bout du fil.

– Je le tiendrai informé de notre conversation, conclut Galland.

La prise en charge resta aléatoire. Dès qu'on se relâchait, l'ASE cessait de venir. Sauf au matin du procès, le 4 janvier 2017 :

– Monsieur Herrou, nous venons de voir que vous nous aviez envoyé des requêtes de prise en charge pour des mineurs, nous pouvons venir quand vous voulez ! me susurra une responsable à la voix mielleuse.

Ces gamins attendaient chez moi depuis plusieurs semaines, et le département se réveillait subitement, de peur que je ne communique sur les marches du tribunal… Le conseil départemental méprisait le devenir des enfants, mais craignait le ramdam de France Télévision. L'arme la plus efficace.

29.

Ennemis de la République

Les arrivées avaient quasiment tari. La neige déposée avec délicatesse sur les sommets dissuadait les Africains d'emprunter les chemins de la Roya. Le ciel était profond, aucun nuage, aucune brume. Le bleu dévoilait des notes de violet. Janvier, mois du silence : pas d'oiseaux, pas de cigales, pas d'insectes. Tout était doux, le monde tournait au ralenti.

De loin, le tapis neigeux semblait soyeux et confortable, mais, en altitude, tout était différent. Une neige gelée et coupante. Le froid, c'est le vide, le néant. Quand on est confortablement installé chez soi, l'hiver paraît calme et tendre, mais le silence camoufle la douleur. Il est apprécié par les riches et les bourgeois qui ne connaissent pas la souffrance. Ceux qui en ont bavé savent. Les oiseaux ne bougent plus de peur de perdre leurs calories, les insectes comptent sur leurs provisions pour survivre jusqu'au printemps.

Le froid saisit au lever du jour. L'eau qui alimente l'évier est coincée. Les hommes du monde de dehors, ceux qui n'ont pas d'abri, sont eux aussi figés, transis. Dans ces instants, le temps s'allonge, les idées s'arrêtent, coincées dans nos synapses, comme l'eau dans le tuyau. Une fois le soleil sorti, la vie se remet à couler, les pensées renaissent, dont une en particulier : l'évasion.

L'ambiance n'était pas à notre avantage. D'un côté, les discours haineux de Ciotti et d'Estrosi ; de l'autre, le silence assourdissant de la « gauche ». Je me demandais comment cette histoire finirait. Il faudrait être méthodique et très méfiant pour ne pas terminer en taule à éplucher des oranges. Mais j'étais confiant, j'avais le sentiment que, petit à petit, les choses se débloquaient. On allait l'avoir, cet asile.

Les « papys de la Roya »

À la maison, six personnes, dont deux mineurs, dormaient jusque-là sous la tente. Ce n'était plus possible au cœur de l'hiver, avec ce climat. Le 6 janvier 2017, on les chargea dans des bagnoles pour les sortir de la vallée, avec Françoise (pas l'avocate), Sylvain, René, Gibi et Dan. J'aime ces retraités, la plupart de l'Éducation nationale, pas bouffés par le confort, toujours prêts à refuser l'inacceptable. Ils devinrent les « papys (et mamie) de la Roya », car, ce jour-là, ils furent interpellés sur un chemin de montagne, non loin d'un PPA.

Jugé pour aide à personnes en situation irrégulière, René interpella le tribunal pendant l'audience :

– Comment un être humain peut-il être condamné pour avoir aidé un autre être humain ?

Gibi, lui, cita une maxime attribuée à Thomas Jefferson : « Quand l'injustice devient loi, la résistance est un devoir. »

Le quatuor écopa d'une simple amende de huit cents euros avec sursis, peine confirmée plus tard en appel. Coupables, donc. De plus en plus, la solidarité constituait un délit aux yeux de la justice. Les citoyens qui portaient secours à leurs prochains étaient considérés comme des ennemis de la République, des fauteurs de trouble. Au nom d'une sécurité fantasmée. Nous, citoyens de la frontière, devions sacrifier notre bout de territoire pour que le reste du pays ignore la réalité. Pour que les misères, les dictatures et la guerre ne résonnent dans les salons que via la radio ou la télé.

Certes, les citoyens pouvaient toujours exprimer leur empathie, mais par procuration, uniquement par procuration. Donnons aux petits Africains pour Noël ; aidons-les chez eux, pas chez nous. Organisons des shows télévisés à grand renfort de stars oubliées, chantons ensemble pour collecter des fonds et nourrir l'illusion d'un « pays des droits humains » qui inspire le monde.

Je ne me reconnais pas dans cette France. Mon pays dégage une autre odeur, celle du feu de bois autour duquel nous nous réchauffons les soirs d'hiver, témoin d'une solidarité réelle et sans arrière-pensée.

30.

La lettre au procureur

« Je suis la mère de celui contre lequel vous vous acharnez. »

Ma mère Jackie interpella publiquement le procureur sur les réseaux sociaux, le 21 janvier 2017. Elle réagissait à une nouvelle garde à vue que je venais de subir avec mon frère Morgan.

« On avait des nuits très agitées. Je me suis levée, j'ai tapé cette lettre. Il se disait tellement de choses fausses ! Que Cédric se faisait de l'argent, qu'il était pédophile. Il y avait aussi des menaces de mort, des pneus crevés. Par cette lettre, je voulais dire que ses actions proviennent d'un vécu, d'une histoire, qui s'est transmise », se souviendra-t-elle plus tard.

Au procureur et à « tous ceux qui le traitent de passeur, de trafiquant d'êtres humains et de voleur », ma mère décrit d'abord le parcours familial. Sa grand-mère paternelle a, en 1918, traversé la frontière italienne à pied par les montagnes et a perdu son bébé au cours de ce périple. « Peut-être a-t-elle croisé à ce moment-là les grands-mères de Messieurs Ciotti et Estrosi, qui sait ? »

Son autre grand-mère s'est louée « telle une bête de somme », une lanière de cuir lui barrait le torse pour tirer les « charretons ». Sa sœur est née dans les geôles de la Gestapo, où leur mère, allemande, était détenue. « C'est ce sang-là qui coule pour moitié dans les veines de mes deux fils que vous avez fait arrêter jeudi, l'autre moitié étant du pur sang de Bretagne… C'est têtu, un Breton, et ça n'a pas peur des tempêtes. »

Elle ironise : « S'ils ne sont pas français "de souche" (c'est ce qui reste d'un arbre mort, non ?), ils ont des racines profondes et vivantes dans ce pays qui est le leur et qu'ils aiment. »

L'autre particularité de notre famille, c'est l'accueil d'enfants pratiqué pendant vingt-cinq ans. Ma mère, coiffeuse de formation, est devenue assistante maternelle en 1984. J'avais cinq ans et Morgan sept à l'arrivée des premiers marmots. Quinze enfants délaissés, de toutes origines, certains battus ou violés…

« Quand Cédric vous dit que ces enfants qu'il voit sur nos chemins et nos routes de la Roya, ce sont ses frères et ses sœurs, il ne vous ment pas, écrivait ma mère. Et quand il interpelle si fort les services de l'ASE, c'est qu'il en connaît les rouages. »

La missive est signée « Mama Herrou », le surnom donné à ma mère par mes hôtes. Mama Herrou, Mama Courroux… Le retentissement provoqué par son coup de gueule la surprit elle-même. Selon mon père, les gens se rendaient enfin compte que mes parents étaient « normaux » et fiers de moi.

Florent

Ma mère n'a pas raconté au procureur ce qui lui pesait dans son quotidien : le peu de reconnaissance accordé aux assistantes maternelles. On ne leur demande pas un accompagnement psychologique et social des enfants, elles doivent se concentrer sur l'aspect matériel : leur torcher les fesses et leur donner à manger. Ce qui revient à multiplier les efforts tout au long de la semaine, pour retrouver les gamins cassés au retour du week-end passé chez leurs parents.

Elle a beaucoup souffert en voyant que le système favorisait les parents biologiques, mais cela ne l'a pas découragée. Mes parents ont franchi le pas avec Hortense, arrivée bébé et devenue ma sœur quand ils l'ont adoptée à l'âge de dix-huit ans. Ils ont accueilli un autre garçon, Florent, alors que j'avais quitté la maison, puis ont adopté ce gamin trisomique, mon deuxième frère.

Je ne comprenais pas trop. Pourquoi ne pas privilégier une retraite tranquille ? Ils « signaient » pour quinze ou vingt ans, voire plus. J'avais tort. La trisomie est considérée comme un handicap, mais Florent n'handicape pas l'existence des autres. Facile à vivre, blagueur et taquin, il nous a beaucoup apporté, comme aux autres enfants de l'école. Tout le monde l'adore. Ses parents biologiques savaient-ils que ce handicap n'a pas d'incidence négative sur l'entourage ? La différence peut être enrichissante.

31.

La belle au sourire lumineux

Elles ont vu de la lumière et sont entrées. En pleine nuit, elles ont suivi la voie ferrée et se sont glissées dans l'une des tentes posées entre les oliviers, les corps serrés les uns contre les autres. Tchen n'a pas aboyé. Au petit matin, je me lève sans regarder l'heure. Lucile me rejoint après avoir constaté, en faisant le tour des tentes, qu'une dizaine de nouvelles personnes ont débarqué depuis la veille.

Comme d'habitude, Lucile est tout sourire, aussi fraîche que s'il était midi. Elle nettoie la table, passe un coup de balai tout en me parlant. Je ne réponds pas, la gueule gonflée par la nuit et la fatigue accumulée. J'attends que le café produise son effet. Lucile prépare le planning de la journée, je marmonne des semblants de phrase.

– Tu ne m'écoutes pas ?

J'ai envie d'autre chose que ces emplois du temps qui me fatiguent. Je rêve d'entendre des choses « normales » qui me permettraient, la nuit suivante, de dormir « normalement », sans me prendre la tête jusqu'au lever, des choses de la vie qui épuisent le corps et enrichissent l'esprit.

Quand la caféine atteint mon cerveau, elle est déjà partie. Histoire de me rattraper, je lui sers un thé, sans un regard pour les nouvelles arrivantes. Quelques heures plus tard, une Érythréenne de vingt-cinq ans aux grands yeux noisette s'assoit sur une marche. Ses pieds sont longs et fins, ses orteils de type égyptien parfaitement alignés, ses mollets en courbe douce. Ses doigts délicats massent la plante du pied, ses cheveux emmêlés retombent sur son front, lui conférant un air irrésistible. Ses lèvres fines et délicates papillonnent, laissant par intermittence se dessiner un sourire, une fossette sur la joue droite.

Elle me parle en tigrigna, je bois ses mots sans comprendre, ensorcelé comme un serpent face à un pungi. Je la fais rire. Comment ai-je pu ne pas flasher sur sa beauté à la première seconde ?

– Oh, Herrou ! T'es amoureux ? rigole Lucile.

– Rappelle les Marseillaises, on les bouge cet après-midi.

Des féministes à Marseille prennent parfois le relais pour certaines réfugiées. Il était question d'y aller la semaine suivante. Incapable de surmonter le regard de l'Érythréenne, j'anticipe le départ.

– Donc, t'es amoureux, me titille Lucile.

– Je n'avais pas vu qu'elle était aussi… magnifique !

– Ce n'est pas la première « magnifique » qui passe par ici.

– Mais c'est la première qui me retourne le cerveau !

À Marseille, l'accueil est médiocre, les questions indiscrètes mettent les filles mal à l'aise. Ce groupe de féministes rejetant toute implication masculine est insupportable, leur sexisme caricatural qui nous place tous dans le même sac me débecte. Elles ont inscrit sur leur porte d'entrée « Interdit aux hommes », comme d'autres écrivaient « Interdit aux chiens et aux Italiens ». Que des personnes opprimées se retrouvent entre elles, je n'y vois pas de problème, mais là, on tombe dans l'extrémisme et la stigmatisation. Sous prétexte de lutter contre l'oppression, elles deviennent intolérantes. On ne les sollicitera plus.

– Comment réussis-tu à avoir un contact aussi fluide ? demande une féministe en me raccompagnant. Avec toi, elles sont à l'aise, alors que t'es un mec… Elles devraient avoir plus confiance en nous.

– C'est parce que je ne les considère pas uniquement comme des femmes.

L'impossible égalité

Je mis plusieurs jours à oublier la belle. Mais il y avait peu de chances pour que cette attirance soit réciproque, et je devais éviter de telles situations. J'ai toujours refusé de nouer des rapports affectifs avec mes hôtes. Elles m'accordent leur confiance parce que nos relations sont claires, sans arrière-pensées ni volonté de séduction. Si j'avais rencontré cette femme dans d'autres circonstances, je me serais laissé happer par mes désirs en tentant de la séduire. Mais profiter de mon statut de « bienfaiteur » ou de « maître des lieux » constituerait un abus de faiblesse. Comment imaginer une quelconque égalité entre nous ? Elle avait besoin de moi.

Certains militants décrètent l'égalité avec les personnes en migration, mais leur discours antiraciste préfabriqué masque un sentiment caché ou inconscient de supériorité. Notre position dominante d'« aidants » et leur position d'étrangères sans papiers ni connaissance des codes sociaux, des lois, de leurs droits et devoirs, engendrent d'inévitables inégalités. Tantôt victimes, tantôt aidées, elles restent dépendantes des âmes charitables.

Abus de bénévoles

Chez moi, beaucoup de bénévoles ont abusé de leur position dominante. Comme ces trois Italiennes qui débarquèrent un jour sans prévenir, avec la ferme intention de passer la nuit en compagnie de jeunes et beaux exilés. Au petit matin, elles repartirent en laissant leurs « amours » dans leur tente Quechua, sans imaginer les retombées fracassantes pour ces trois gars jetés du septième ciel, fous amoureux de filles qu'ils ne reverraient jamais.

Ces bénévoles trouvaient normal d'initier une relation sexuelle au nom de l'égalité avec l'homme et de leur droit légitime à jouir de leurs désirs. Comme si elles se « vengeaient » de leur frustration née de l'inégalité entre les sexes. Elles abusaient d'hommes plus faibles, mais sans l'assumer. Il ne s'agit pas de proscrire les histoires d'amour, surtout que l'amour a tendance à décider par lui-même. Mais il faut tenir compte de la position vulnérable de ces personnes à peine arrivées en Europe, de leur traumatisme et de leur solitude extrême.

32.

Asile, y es-tu ?

Avril 2017 marqua une grande victoire : en vertu d'un protocole informel mis au point avec les gendarmes, les personnes réfugiées chez moi pouvaient désormais accéder à l'asile. La commandante Céline Maumy, de la compagnie de Menton, me précisa l'organisation du système. Il suffisait d'envoyer au major Mario Boughareb, de la brigade de Breil, un mail avec l'identité des requérants pour qu'ils puissent franchir les points de passage autorisé (PPA) sans risque d'arrestation et accéder à la Plate-forme d'accueil des demandeurs d'asile (PADA) de Nice. La PADA leur donnerait un rendez-vous en préfecture pour l'enregistrement formel de leur demande et l'attribution des aides auxquelles ils avaient droit.

Nous avions gagné la bataille de l'asile. Nous étions désignés organe administratif suppléant les carences de l'État. Je ne pensais pas que mon CAP de mécanicien auto me conférerait un pouvoir de préfet ! La Roya devenait une sorte de PADA autofinancée et autogérée, la sous-préfecture la plus économique de France. Situation ubuesque : policiers et gendarmes continuaient à pourchasser les personnes en migration, mais, arrivées chez moi, celles-ci retrouvaient des droits. Cet arrangement prit à défaut le préfet Leclerc. Son obstination à renvoyer tout étranger sans distinction, quitte à violer la loi, avait conduit à cette absurdité. Il ne me le pardonnerait pas.

Le déclic

Au départ, la question semblait absurde : comment accéder à la demande d'asile depuis chez nous ? Absurde, parce que tout le monde le peut en France, du moins en théorie. En pratique, c'était impossible depuis la Roya. Les exilés qui se rendaient à Nice étaient systématiquement arrêtés aux PPA et refoulés en Italie. Notre action clandestine atteignait ses limites ; seuls les demandeurs pouvaient amorcer un cadre légal. Nous avons alors imaginé un stratagème plutôt audacieux, voire téméraire, un « crash test » auquel, à dire vrai, nous ne croyions pas au début.

On trouva des « volontaires », une famille érythréenne hébergée chez Elisabetta et Simon, un couple habitant Saorge. Nurah, Besay, et Michel, leur fils de quatre ans, avaient voyagé dix-sept mois avant d'atteindre la France en février 2017. Ils avaient traversé l'Éthiopie, le Soudan, la Libye et la Méditerranée. De Sicile, ils avaient gagné Vintimille, puis la Roya. Accompagnés de membres de Roya citoyenne, de deux avocats et de médias, ils se présentèrent devant la gendarmerie de Breil. Nurah prononça les mots fatidiques :

– Je suis demandeur d'asile.

Les gendarmes leur refusèrent aussitôt l'entrée. Comme prévu. Transférée à la PAF de Menton, la famille fut refoulée en Italie, au motif sibyllin que, dans cette bande dite « des vingt kilomètres » – elle jouxte la frontière –, tout étranger considéré comme étant en situation irrégulière peut être renvoyé, sans considération de sa demande d'asile.

Désormais, nous avions des preuves tangibles pour attaquer le préfet devant le tribunal administratif de Nice en nous fondant sur l'un des articles du CESEDA (Code de l'entrée et du séjour des étrangers et du droit d'asile), devenu mon livre de chevet. Qu'énonçait l'article R741-2 ? « Lorsque l'étranger présente sa demande auprès [...] des services de police ou de gendarmerie ou de l'administration pénitentiaire, la personne est orientée vers l'autorité compétente. »

Tout simplement !

Victoire au tribunal administratif

Le 31 mars 2017, le préfet se prit une petite branlée. « En refusant de délivrer aux intéressés un dossier permettant l'enregistrement de leur demande d'asile, alors qu'ils se trouvent sur le territoire français et qu'ils ont pris contact avec les services de police et de gendarmerie pour y procéder, le préfet des Alpes-Maritimes a porté une atteinte grave et manifestement illégale au droit d'asile », écrivit le juge.

Une atteinte grave et « manifestement illégale ». Jamais une phrase n'avait provoqué en moi une telle jouissance. Pour la première fois, on faisait condamner l'État. Qui étaient les délinquants dorénavant ?

Le juge saisi en référé-liberté épingla une nouvelle fois le représentant de l'État : « Il ne ressort d'aucune des pièces du dossier que le préfet des Alpes-Maritimes a mis en œuvre une procédure de réadmission en Italie après la prise des empreintes des intéressés et la vérification de leur présence dans le fichier Eurodac, comme il aurait dû le faire s'il estimait que l'Italie était le pays responsable de l'examen de leur demande d'asile. »

Les autorités étaient prises à leur propre (mauvais) jeu. À force d'expulser à tout va, elles se plaçaient dans l'illégalité. La préfecture, qui se savait battue d'avance, n'avait d'ailleurs dépêché personne à l'audience.

– Si nous vous avons saisi aujourd'hui, c'est qu'il y a une accumulation de ces refus d'entrée et que vous êtes le seul garant de ces droits fondamentaux, avait commencé notre avocate, Mireille Damiano, insistant sur le caractère exemplaire du dossier.

– Qu'est-ce qui les empêche d'aller à la préfecture ? interrogea le magistrat.

– La vallée est bouclée. On ne peut pas ressortir sans passer par l'Italie ou par les points de passage à la frontière, la gare de Breil et le barrage routier de Sospel. Soit précisément là où la police et la gendarmerie refoulent les demandeurs d'asile et interpellent ceux qui les aident.

Le juge donnait trois jours ouvrés au préfet, « compte tenu de la vulnérabilité des requérants », pour enregistrer leur demande. Conséquence : la famille pouvait se rendre jusqu'à la préfecture des Alpes-Maritimes, mais ce n'était pas gagné. Je transmis l'ordonnance en gendarmerie, en me remémorant les paroles de la commandante Maumy : « Les PPA coûtent des millions d'euros, vous n'arriverez jamais à les faire tomber. »

Un petit tour en train

La famille revint chez moi par le train après son expulsion. Elle logeait dans la modeste cabane construite par Morgan et sa compagne Suzie, avec des poutres en pin issues de la forêt voisine et des palettes en guise de plancher. La paroi d'une piscine pour enfant tenait lieu de toiture.

– Eh, Michel ! Déjà levé ?

Dès l'aube, le gamin m'avait discrètement rejoint au poulailler. Ses parents dormaient encore. Je lui tendis un œuf tout chaud pendant que je recouvrais le sol de paille. Souriant et gêné, il m'observait. C'était un gosse comme les autres, heureux de goûter à nouveau aux joies les plus banales. Une poule qui pond, un homme sans képi qui ne crie pas et qui parque les poules plutôt que ses semblables… Il me semblait que, fatigué de l'errance et du danger, il désirait stopper sa foutue migration. Je l'aurais bien gardé à mes côtés. Mais la famille devait reprendre la route.

Le jour du départ vers la préfecture, les parents étaient stressés, le gamin un peu moins. En gare de Sospel, les gendarmes mobiles identifièrent les trois Noirs et, comme à l'accoutumée, se ruèrent sur eux. Ils lurent l'ordonnance en diagonale, sans vraiment la comprendre, et nous demandèrent de sortir. Devant notre refus, le train resta plus d'une heure à quai.

– Il commence à nous faire chier, avec ses migrants ! pestèrent quelques voyageurs.

– Je suis en général de votre côté, mais là, vous bloquez tout un train pour trois migrants ! maugréa une dame.

– Ce n'est pas à cause de trois « migrants », mais à cause de trois gendarmes, répondis-je. Il est toujours plus simple de se battre contre plus faible que contre plus fort, quitte à considérer les plus faibles comme des coupables, même s'ils sont victimes.

Par téléphone, Mireille Damiano nous conseilla d'obtempérer.

Un gendarme présenta ses excuses au machiniste pour le retard.

– Pas de problème, je comprends, répondit celui-ci.

Cela eut le don de m'agacer.

– Ah bon ? T'as compris quoi, en fait ? Que c'était « normal » de bloquer un train pendant une heure pour embarquer trois innocents au commissariat, les priver de leurs droits abusivement ? Faudrait m'expliquer, car nous, on n'a pas compris !

J'étais hors de moi. Comment justifier un comportement qui consiste à aligner les courbettes devant chaque abus de pouvoir, chaque képi ? Ces types me rappelaient ceux qui protestent contre les grévistes en gémissant : « Ils nous prennent en otages ! » Mais qui prend qui en otage ? Les grévistes ou les politiques qui castrent nos droits ?

« No good ! »

La famille fut conduite à la PAF de Menton, qui dut se rendre à l'évidence. On leur remit une convocation pour le lendemain en préfecture afin d'enregistrer les demandes d'asile. Nouvelle victoire !

À la préfecture, un cordon de CRS et un haut fonctionnaire nous attendaient, stupéfaits :

– Monsieur Herrou, vous êtes tout seul ? Les militants, les amis ?

Ils avaient fermé les services, persuadés qu'on viendrait en nombre. Le haut fonctionnaire souhaitait néanmoins nous montrer les lieux. Il était mal à l'aise et, rapidement, la visite prit un tour comique. Seul dans cet immense bâtiment, escorté par un cordon de CRS, je me sentais comme un touriste au musée de la Paperasse, à écouter un guide ânonner dans une langue étrangère. Quel cirque ! Malgré son excès de courtoisie pas désagréable, je lui expliquai gentiment que ce n'était pas moi le demandeur d'asile, mais cette famille, à laquelle il n'avait pas adressé un mot ni un regard. Bredouillant, il invita les parents à le suivre dans son bureau.

Je pris le gamin pour un tour à l'extérieur. Avec un regard sévère, il pointa les CRS du doigt : « No good, no good ! » Il détestait déjà la police, qui l'avait maltraité et enfermé. Il avait éprouvé le même sentiment devant Zia, mon avocat, habillé d'un costume et d'une cravate : « No good, no good ! »

Dans la cour de la préfecture, les CRS étaient désarmés face à ce gamin. Avec son tout petit doigt rigide pointé vers eux, il avait anéanti leur carapace de Robocops. Je m'approchai d'eux, le petit dans les bras : « Mais non, ils sont gentils ! » Il persistait : « No good, no good… » Le temps dissiperait-il sa colère ? Je l'espérais… Michel comprit qu'on ne se reverrait jamais.

33.

Préfet hors la loi

Le préfet alla ainsi de défaite en défaite. La plus éloquente intervint le 23 février 2018. Lors d'un week-end d'observation, un collectif d'associations avait dénombré quatre-vingt-dix-sept arrestations dans le train en provenance de Vintimille, et autant de refoulements. Le tout en vingt-huit heures ! Dans le lot, le juge des référés sanctionna dix-neuf refus d'entrée concernant des mineurs. Une « illégalité manifeste » leur avait porté « gravement atteinte ».

L'État se retrouvait une nouvelle fois pris en flagrant délit. Le préfet, cette fois venu en personne se défendre au tribunal, prétexta sans convaincre avoir agi en « bon père de famille ». Ces camouflets répétés ne semblaient guère l'émouvoir. Il interprétait ces condamnations comme des « mesures conservatoires », selon ses termes, comme si elles ne représentaient que de petites anicroches, des accidents de parcours inévitables.

Le préfet Georges-François Leclerc ne contestait pas sa défaite en appel, mais pas question pour lui de « mettre en place un processus respectueux des droits », comme le réclamait Mireille Damiano. Il n'avait pas dévié d'un pouce, malgré les précédentes décisions qui l'avaient épinglé, le 31 mars et le 4 septembre 2017. Face à cet « afflux de migrants » à la frontière, il répondait à sa manière, en bafouant les droits. Le risque, pour lui, demeurait minime. Prouver les illégalités quotidiennes nécessitait une lourde mobilisation de la part des associations. La plupart des entorses à la loi restaient impunies.

Le droit avec nous

Le préfet prétendait que ses services exerçaient sur chaque cas un examen « individuel et approfondi ». Pour Ousman, un Soudanais de 17 ans, cet examen « individuel et approfondi » fut expédié en cinq minutes – le temps qui s'écoula entre l'interpellation et le refus d'entrée. Quant à la procédure « formalisée et attentive » dont se vantait le représentant de l'État lors de la remise des mineurs aux autorités italiennes, elle aussi était inexistante. Ousman fut « livré à lui-même » dans une « grande précarité juridique et matérielle », dénonça le tribunal.

Soit l'inverse de ce que prétendait le préfet, qui, après une précédente condamnation, le 22 janvier 2018, dans une affaire particulièrement choquante – le renvoi illégal d'un enfant de douze ans –, avait demandé à ses services de faire preuve d'une « attention particulière » quand des personnes « objectivement mineures » présentaient une « vulnérabilité objective » ou un « état de détresse ». Apparemment, ses directives restaient lettre morte.

En le condamnant, le magistrat rappelait simplement la loi : tout mineur a droit à un jour franc de délai avant d'être « éloigné ». Dans ce délai, le procureur doit désigner un administrateur ad hoc et informer la personne de ses droits en matière d'asile. L'État omettait ses obligations et renvoyait ces jeunes le plus vite possible, sans discernement.

Pour convaincre le juge, Georges-François Leclerc s'appuya sur les dispositions contradictoires prévues par un droit des étrangers particulièrement complexe. Il avança que la gare de Menton-Garavan ne constituait pas une frontière extérieure de Schengen, juste un PPA mis en place après la fermeture de la frontière franco-italienne en 2015. Cela le dispensait de respecter les règles réservées aux « zones d'attente ».

Nouvelle réprimande du juge : le préfet avait tort. Tort également lorsqu'il soutenait qu'aucun élément ne prouvait la minorité des demandeurs. Or, selon la loi, c'est leur majorité qu'il s'agit d'établir : si la preuve manque, le doute profite au demandeur. D'autant que l'administration les avait renvoyés par le train, comme elle procédait habituellement avec les mineurs. N'était-ce pas là une reconnaissance tacite de leur minorité ?

Le juge nous confortait dans nos actions, mais ces victoires restaient souvent de papier, sans répercussions concrètes pour les étrangers. Comment retrouver les personnes illégalement expulsées ? Elles se déplaçaient tout le temps.

34.

Camping Sous-Préfecture

Juin 2017. Notre petit camping international, le CCH, était bien devenu une sous-préfecture à part entière, dédiée à la demande d'asile. Ici, pas de service d'ordre, pas de vigiles, pas de bureaux ni de chaises, pas de distribution de soupe à l'autre bout de la ville. Au milieu des bois, des oies, des poules, des chiens et des chats, on dormait, on mangeait, on se soignait, on étudiait ses droits. Pour obtenir une tente, inutile d'appeler le 115 : simplement s'adresser à Kamal, le référent hébergement. Pour la distribution des repas, pas la peine de faire venir le Secours catholique : voir avec Youssef, chef cuistot. Pour un traducteur, contacter Babakar, qui maniait parfaitement le français et l'arabe.

Ici, pas de zigzags, pas d'incivilités, pas de bagarres ; on respectait le lieu qui combattait l'injustice. Nous n'étions pas un camp humanitaire, mais un camp de résistance politique. Si auparavant Érythréens, Soudanais, Somaliens, Tchadiens bloqués à Vintimille optaient pour un passage clandestin afin d'atteindre Paris, Lille ou Marseille, aujourd'hui ils se présentaient chez moi, sûrs d'accéder à leurs droits et heureux de ne plus emprunter des voies clandestines.

Nous les appelions les « shebabs », la « jeunesse » en arabe. Quand ils débarquaient en pleine nuit, Tchen aboyait, jouant son rôle de patou. Nous les accueillions avec les bénévoles, même si, parfois, à cause de la fatigue accumulée, personne ne se levait. Nous les découvrions alors au petit matin, endormis à même le sol ou sur les bancs de la cuisine commune. Depuis la terrasse, nous contemplions des faisceaux lumineux fendant l'obscurité. Ce n'étaient pas les shebabs, capables de se repérer dans la nuit la plus obscure, mais des gendarmes ou des soldats de l'opération Sentinelle sillonnant la montagne. Des hommes lourdement armés et en treillis en chassaient d'autres, démunis et en sandales. Quand ils parvenaient à notre havre de paix, nous goûtions l'ironie de la situation. Ils étaient passés à la barbe de l'armée, de la PAF, de la gendarmerie et de cet état d'urgence, tous ridiculisés.

Le rôle des femmes

Une équipe était née, comme une petite famille recomposée. Kamal et Mohamed, des frères du Soudan, Abdelkarim, du Niger, Babakar, du Tchad, Youssef, de la Sierra Leone, Mustafa, le vieux de la bande, le « chibani » : tous s'étaient arrêtés là pour organiser l'accueil, alors que la grande majorité restaient à peine quelques jours.

Kamal s'occupait des départs, enregistrait les noms et les dates de naissance, expliquait l'asile et la PADA. Bon vivant, Ilyas se souciait de préserver une bonne ambiance. Babakar, le philosophe du groupe, réglait les disputes avec sagesse et traduisait les informations importantes. Youssef cuisinait avec Mohamed, assurant pour deux cent cinquante estomacs affamés, les marmites chauffant de sept heures du matin à minuit. Souvent, les jeunes qui débarquaient n'avaient rien ingurgité depuis trois jours. Ils dévoraient !

Côté bénévoles, Lucile avait quitté le CCH en mars, après une garde à vue qui l'avait moralement épuisée… ça avait été un réel coup dur pour moi. Je me demandais comment j'allais continuer cette aventure sans mon acolyte. Elle avait partagé mon quotidien pendant huit mois mais j'avais l'impression de l'avoir connue des années. Marion était arrivée un petit mois plus tard, prenant le relais. Étudiante en école de commerce, elle faisait une pause pour entreprendre un tour d'Europe des associations qui militaient auprès des personnes en exil. Elle détestait ses études et rêvait d'un lieu communautaire, respectueux de l'humain et de la terre. Nous sommes tombés amoureux de nos différences, et depuis ce jour nous avons construit ensemble le CCH. Puis l'équipe s'était étoffée : il y avait Léa, une jeune Niçoise venue aider avec son ami Rémi ; Willy, un Parisien en quête d'alternative ; Antoine, infirmier. Ils s'occupaient des accompagnements, des papiers, de la vie en communauté. Mathilde animait des ateliers d'écriture et de dessin, recueillant des centaines de récits et d'esquisses symboliques, des confessions… Autant de traces émouvantes.

Ces bénévoles étaient en majorité des femmes, souvent très jeunes et courageuses. Généralement en fin d'études, elles filaient un coup de main pendant deux à six mois, voire davantage. Les femmes, en général plus persévérantes dans leurs actions, n'avaient pas peur de sortir de leur zone de confort et de défier même le cadre en place. Certains mecs réalisaient juste deux ou trois passages de frontière pour un coup d'adrénaline.

Je n'étais plus seul. Avec l'épuisement et la tension de ces longs mois, je n'aurais pas tenu plus longtemps à répartir les stocks de bouffe, laver des centaines de couvertures, soigner les blessures, accompagner les demandeurs d'asile en gare de Breil, à quarante-cinq minutes à pied. Des volontaires de toute la France, voire d'Europe, apportaient de la nourriture et des vêtements ou envoyaient des dons. Soit ils trouvaient leur place dès le départ, soit ils repartaient d'eux-mêmes. C'était à la fois fatigant de croiser autant de monde et émouvant de constater les synergies naissantes entre réseaux d'aide et associations. Je laissais chacun agir à sa guise, partisan d'une forme d'autogestion.

Roya citoyenne

Si les membres de Roya citoyenne étaient pour la plupart des amis avec qui je m'entendais bien individuellement, la combinaison de ces caractères forts créait une ambiance pénible, comme souvent dans les associations. Ils militaient depuis des décennies, certes pour de justes causes – maintenir le train ou la poste dans la vallée, préserver l'environnement –, mais certains cherchaient à tout prix une reconnaissance dans le groupe. Entre débats houleux et combats d'ego, chacun donnait son avis sur tout.

Ils s'offusquaient de mes décisions solitaires et intuitives. Dans ces circonstances d'urgence, elles étaient inévitables. La manie de la réunionnite m'exaspérait. À Nice, une fois, un collectif se réunit pendant six heures. Tout le monde gueulait, s'insultait, et à la fin :

– OK ! On se voit à la prochaine ?

– Non, mais qui fait quoi ? m'étonnai-je, dans l'espoir d'aboutir à des actions concrètes.

– Ah, mais il faut qu'on se revoie en interne, etc.

Rien n'avançait. René Dahon me trouvait un peu sévère :

– Tu critiques les associations, mais regarde, la CAFFIM est prête à acheter un lieu dans la vallée pour que l'hébergement ne se passe plus chez toi.

La CAFFIM (Coordination des Acteurs à la Frontière Franco-Italienne pour les personnes Migrantes) était un regroupement né en 2016 des associations Amnesty, la Cimade, l'ADDE, Médecins du Monde, Médecins Sans Frontières, le Secours catholique, et l'Anafé. Leur objectif était de coordonner les forces vives de la frontière, de les structurer, afin qu'elles soient plus puissantes dans leurs actions et leurs plaidoyers.

Plus que sceptique, je répondais à René :

– Il y a combien de zéros sur le chèque ?

– Tu vas trop loin !

– On cherche quoi ? L'équivalent des Lucioles, soit plusieurs millions d'euros, ou des tentes Quechua ?

Il me rappela :

– Tu as raison : c'est zéro.

Docteur Bippp

Avec le monde médical, la relation était également chaotique. Foufouman, un de nos hôtes, avait depuis longtemps un trou dans le crâne. Il souffrait de vertiges. Quand je le conduisis au centre médical de Breil, les médecins ne trouvèrent rien de mieux que d'appeler les gendarmes plutôt que de le soigner. Il fut interpellé et renvoyé en Italie. Je m'énervai sur Facebook : « Ici pas le droit de sortir dans la rue, ici pas le droit d'aller chez le médecin sous peine d'être reconduit en Italie, n'est-ce pas Dr (Bippp), médecin de (Bippp) ! »

Seul le docteur Bernard Dumontet, généraliste à Breil, se déplaçait jusque chez nous. Des infirmières intervenaient bénévolement auprès des exilés. Philippe de Botton, de Médecins du monde, les intégra dans une structure soutenue par son ONG. Mais impossible d'aller plus loin en créant un lieu de soins. Le maire de Breil avait bien proposé de leur prêter un gîte où héberger les cas les plus urgents, mais la préfecture avait aussitôt menacé : « Si vous votez ça, on vous assigne devant le tribunal administratif. »

Le maire s'était dégonflé.

35.

Les deux Cédric

Au fil des mois, Cédric Herrou s'était dédoublé : il y avait le « vrai » Cédric et le « Cédric Herrou » médiatique. À la maison, on évoquait le second en parlant de lui à la troisième personne. Outil de lutte utilisé par tous, il ne m'appartenait plus. La boîte aux lettres se remplissait de lettres de soutien, d'insultes ou de menaces de mort, comme cette photo d'un homme cagoulé et armé d'un pistolet automatique qui délivrait ce message sans nuance : « Dans neuf jours, on te bute. »

En ville, je ne restais pas dix minutes à la même place. Hanté par la vision de ce type, je l'imaginais tirer une balle dans ma petite cervelle. Dans les bars, je m'asseyais dos au mur et face à la porte, dévisageant chaque client. Soutien potentiel ou adversaire ? Dans une poche, une lame prête à dégainer, dans l'autre, une main prête à remercier. Bizarrement, je ne me méfiais pas des femmes, les imaginant moins violentes, sans doute en vertu d'une croyance sexiste.

Histoire vendeuse

Lors des premières interviews, j'étais hyper-stressé, surtout pour les directs à la télé. Je ne me trouvais pas à la hauteur. J'avais honte. Ce n'était pas mon monde. Sans doute devais-je adopter un certain vocabulaire et manifester davantage d'aisance, à l'instar de mes contradicteurs ? Mais en avais-je vraiment envie ? Je me ressaisis vite : qui écoute vraiment ce que tu dis ? Ne te prends pas la tête, sois toi-même. Les médias fabriquent le monde, et la majorité des gens qui les écoutent te ressemblent. Certes, ils sont invisibles, ne passent pas à la radio ni à la télé et vivent comme moi, modestement, chacun à sa manière. Ils ont besoin de porte-voix à leur image ; j'en suis un.

Mon histoire était vendeuse : le petit éleveur de poules face au rouleau compresseur de l'État et de la justice, David contre Goliath, un cliché. J'étais devenu un produit, une prostituée qui se vend corps et âme. Les médias adorent le sensationnel, les arrestations, les gardes à vue, les procès. J'étais acteur des fantasmes de mes « détracteurs », pour qui la haine de l'étranger constitue un fonds de commerce. Ils voient en moi un immigrationniste, un fabriquant de délinquants, un soutien des terroristes et un fervent adepte du « grand remplacement » – cette théorie fumeuse selon laquelle les populations « historiques » d'Europe (blanches et chrétiennes, évidemment) sont en train d'être scandaleusement évincées par des envahisseurs venus d'Afrique (noirs et musulmans, bien sûr).

Médiatiser ou « informer » ?

Le procureur, le préfet, Éric Ciotti et d'autres critiquaient ma médiatisation. Assez troublant et comique lorsqu'on sait de quoi ils sont capables en la matière… Mais pardon, eux « informent ». Ce duel par écrans interposés symbolisait un peu la lutte des classes. Comment un paysan peut-il se mêler de politique et dénoncer les actions de l'État ? On me l'a souvent reproché, jusqu'à m'adresser ce message aussi direct que brutal : « Reste à ta place et ferme-la. »

Cette médiatisation a aussi créé des tensions. Des associations locales me suspectaient de me mettre en avant, car je déclinais rarement les demandes d'interview. De même, les No Borders m'apostrophaient : « Tu aurais dû la fermer ! Si tu n'avais rien dit, il n'y aurait pas eu tous ces flics dans la Roya, et on aurait pu faire passer des gens tranquillement. »

Je leur répétais : les journalistes ont des sujets à réaliser, ils les feront avec ou sans nous. Si on refuse, ils parleront à d'autres. Si on leur autorise l'accès, ils répercuteront notre point de vue, même tronqué. Sans médiatisation, aurait-on eu accès au droit d'asile depuis la Roya ? Aurait-on réussi à héberger deux mille cinq cents personnes et obtenu toutes ces victoires judiciaires ? Les No Borders kiffaient peut-être de cacher des gens dans leur voiture, mais moi, je n'en pouvais plus de leur dire : « Cache-toi sous une couverture, parce que tu es noir. »

Le Cédric Herrou médiatique rencontrait un problème : on lui demandait d'avoir un avis sur tout. On attendait des punchlines, des thèses, des certitudes – d'aucuns diraient une idéologie. Mais j'étais rempli de doutes.

Sur les réseaux sociaux, des jeunes m'écrivaient depuis l'Afrique : ils voulaient prendre la route pour l'Europe et me rencontrer. Je tentais de les dissuader. Cette route est à sens unique, impossible de repartir en marche arrière. Combien se retrouvent coincés en Libye, meurent dans le désert, se noient dans la Méditerranée ? Une inquiétude me taraudait : est-ce que j'alimentais le rêve européen ? Non pas en promouvant des marques de fringues ou des grosses bagnoles, mais en prônant un idéal de justice et de solidarité ?

La question de la migration est globalement sans réponse. Comment aider les gens pour leur permettre de demeurer dans leur pays ? Faut-il les laisser circuler librement d'un continent à l'autre ? Je suis convaincu que la France et l'Europe sont coresponsables de l'appauvrissement du continent africain. La migration résulte de notre politique capitaliste, qui intensifie les inégalités et réduit en cendres le partage des richesses mondiales. On ne peut apporter de réponse sans transformer notre système économique. Mais je crains que nous ne soyons très largement minoritaires à accepter de payer nos achats au juste prix pour que les travailleurs qui produisent les biens importés en Europe puissent toucher un salaire correct.

Je ne peux que préconiser la décence dans la gestion migratoire, afin que les personnes soient considérées comme nos égaux et avec humanité. Je considère que toute personne sans domicile a le droit de loger dans des bâtiments désaffectés de l'État ou des collectivités locales. Il faut respecter la convention de Genève prévoyant l'accueil des réfugiés, proscrire le racisme politique et étatique pour que les personnes en migration ne soient pas un outil à but électoraliste.

Les médias pourraient proposer une réflexion commune et intelligente, mais ils cherchent plus souvent à rendre les cerveaux disponibles au gavage de désirs éphémères. Leurs programmes asservissent à la doctrine politique dominante. Et moi, je ne suis qu'un pion parmi d'autres dans ce système.

36.

La longue marche

En juin 2017, le vent tourna. Jusque-là, le protocole conçu en avril avait fonctionné correctement. Chaque semaine, trois groupes d'exilés prenaient le train jusqu'à la PADA, et la SNCF se montrait conciliante. Elle accordait des titres de transport gratuits ou de grosses ristournes, consciente que nous ne pouvions assumer les milliers d'euros de dépenses mensuelles que cela représentait.

Mais Olivier Bettati, candidat divers droite soutenu par le Front national aux législatives, sema la zizanie. Homme à la mémoire courte, ce fils d'immigrés italiens installés en Argentine puis sur la Côte d'Azur (mais les Italiens sont sûrement plus légitimes que les Soudanais à s'établir à l'étranger) filma un départ en gare de Breil : « Plus de cent migrants s'apprêtent à prendre le train gratuitement avec le passeur Cédric Herrou ! »

Les images pouvaient choquer : des Africains encerclés par les gendarmes et quelques bénévoles attendaient calmement sur le quai. L'ancien adjoint d'Estrosi à la mairie de Nice s'appuyait sur cette « scène invraisemblable » pour propager son discours de haine. « Monsieur Herrou est un homme dangereux. Bien sûr que tout le monde doit aider quelqu'un dans le besoin, mais [...] chercher des migrants et les ramener, ça, ça s'appelle être un passeur. Monsieur Herrou est un passeur [...]. Il faut arrêter Schengen, il faut fermer nos frontières. »

Sa vidéo engrangea trois cent cinquante mille vues, ce qui lui monta à la tête. Quelques semaines plus tard, Bettati exigeait la dissolution de Roya citoyenne devant le tribunal de Nice. Avec toujours la même rengaine : « Nous ne sommes pas à l'abri qu'un terroriste se serve d'Herrou pour rentrer chez nous. »

Pour ce référé, Bettati utilisa une association baptisée Défendre la Roya. Créée dans le seul but de torpiller nos actions, elle était présidée par un retraité de la PAF. L'assignation accusait Roya citoyenne d'actes illégaux menaçant la sécurité des habitants de la vallée, voire de la France entière. Le juge ne s'y laissa pas prendre et le débouta de sa demande le 16 novembre 2017. Pour lui, les requérants ne justifiaient aucunement leurs allégations, « sauf à procéder par voie d'amalgame (migrants-voleurs-terroristes) », soit le procédé habituel de l'extrême droite. L'action de Bettati et de son association « opportunément créée » relevait plus « d'une volonté de servir une cause politique que de nouer un débat juridique ». Le magistrat les condamnait à verser cinq mille euros à Roya citoyenne.

« Stupéfait et scandalisé », Bettati dénonça une décision « complètement surréaliste ». Mais, après sa vidéo, le préfet obligea la SNCF à exiger un paiement. Avait-il cédé à la pression ? Comme nous ne disposions pas de moyens, on se retrouva bloqués sur le quai de la gare.

« Peut-être que le préfet pourrait s'inspirer… »

L'image était forte et troublante : une ligne de quatre-vingt-douze demandeurs d'asile dos au mur, empêchés d'accéder au train par une dizaine de gendarmes armés de mitraillettes. Cela me rappelait les photos en noir et blanc de mes livres d'histoire. Sous le coup de la colère, je tweetai aussitôt : « Peut-être que le préfet pourrait s'inspirer du transport des juifs pendant la 2e guerre pour transporter les demandeurs d'asile, bref… »

Le préfet l'interpréta comme je le désirais : mal. Très mal. Je suis bien conscient que ces deux histoires sont incomparables : l'une a provoqué l'extermination de millions d'innocents, l'autre les maltraite. Ce message dénué de finesse me valut un procès pour injure publique, un an plus tard, avec à l'audience le préfet des Alpes-Maritimes en personne, ainsi que le préfet de région, des députés, de hauts fonctionnaires de la préfecture… Démesuré. Les juges m'accordèrent le bénéfice de la bonne foi : « Si le prévenu se prévaut d'une méthode provocatrice mais maladroite pour interpeller le représentant de l'État au sein du département des Alpes-Maritimes, il se déduit de ces éléments une absence de volonté d'insulter et la preuve d'une absence d'intention coupable », écrivirent-ils.

Le préfet se ramassait une bonne leçon, une de plus. Néanmoins, il interjeta appel de ma relaxe. Selon son avocat, mes propos « ignominieux » s'apparentaient à une invitation à « requérir la police et la SNCF pour transporter les migrants vers des camps de déportation ». Devant la cour d'appel, à Aix-en-Provence, en septembre 2019, l'avocat général, qui jugeait mon combat « tout à fait respectable et peut-être même légitime », requit cependant mille euros d'amende. J'étais donc coupable, mais de quoi au juste ?

Le représentant de l'accusation expliqua que, si on lisait la phrase que j'avais rédigée, elle n'était pas intrinsèquement injurieuse : « Il ne traite pas le préfet de collabo ou de nazi. » En revanche, elle l'était « extrinsèquement », car elle établissait « un parallèle entre le traitement réservé aux juifs pendant la Seconde Guerre mondiale et le traitement infligé aujourd'hui aux migrants ». Sabrina Goldman plaida la nécessité, parfois, de « comparer ce qui n'est pas comparable pour réveiller les consciences ». Zia Oloumi ajouta que je voulais inviter le préfet, condamné quatre cent soixante-neuf fois en trois ans par le tribunal administratif pour atteinte au droit d'asile, à « mettre les moyens de l'État au service du respect du droit ». La cour d'appel confirma ma relaxe.

« À pied ? Mais comment vous allez faire ? »

Bloqués, donc, en gare de Breil, on décida avec Claudine, Sylvain et René, de Roya citoyenne, de rejoindre Nice à pied. Une marche longue et éprouvante de plus de trois jours par les chemins de montagne. Sans les personnes les plus fragiles, qui partirent en train. Les gendarmes, que nous n'avions pas pris la peine de prévenir, nous retrouvèrent à l'auberge du col de Brouis (900 mètres d'altitude).

– Cédric, vous ne rentrez pas chez toi ?

– Ben non, ils doivent aller à Nice.

– Vous y allez comment ?

– À pied.

– À pied ? Mais comment vous allez faire ?

– Ben, marcher.

– Et pour manger, boire, dormir ?

– On espère que les gens seront aussi charitables que ceux de cette auberge.

Quelques bénévoles tentèrent de suivre le groupe, mais les shebabs marchaient à une vitesse folle. Leur enthousiasme me surprenait. J'étais heureux de partager avec eux nos magnifiques paysages de montagne et d'échanger sur autre chose que les questions d'hébergement, d'asile ou d'administration. Nous avions mal aux pieds ensemble, et ils se sentaient compris.

Michel Toesca, mon ami cinéaste, nous attendait à Sospel avec quelques vivres.

– Les gendarmes sont en panique ! Ils ne savent pas où vous êtes. Quand je suis passé au PPA entre Breil et Sospel, ils m'ont demandé si je n'avais pas vu une centaine de personnes d'origine africaine marchant le long de la route.

Peu connaisseur des chemins de montagne oubliés, le préfet pensait que nous prendrions la route. Erreur. Dans le ciel tournoyait un hélicoptère, mais il n'était pas aisé de nous distinguer sous le feuillage. À Sospel, des habitants nous attendaient dans une ambiance très hospitalière. La maire, Marie-Christine Thouret, le visage grave, nous ouvrit le camping pour la nuit, tout en nous reprochant de l'avoir mise devant le fait accompli : nous étions irrespectueux, nos méthodes étaient indignes, bla-bla-bla… Je répondis que nous pouvions dormir ailleurs, mais comment ne pas honorer les marmites fumantes et le sourire des habitants ? Le soir, un match de foot s'improvisa entre l'équipe locale et les jeunes Africains, ravis.

Le lendemain, le maire de L'Escarène, Pierre Donadey, nous accueillit chaleureusement dans son village. L'entraide dépassait encore une fois toutes les espérances. La boulangerie nous fournit du pain, la pizzeria des pizzas, une association laissa libre accès à sa salle multimédia. Youssef, notre cuistot, distribuait repas et tabac, assurant la cohésion du groupe avec un brin d'autorité. La marche intensive prenant le pas sur les insomnies, tout le monde en écrasait à poings fermés à peine la nuit tombée, à la belle étoile.

Pieds brûlants

Le dernier jour, nous marchions le long de la route, les chemins ancestraux étant entravés par les clôtures de nouvelles constructions. J'appréhendais ces vingt-cinq kilomètres sur le bitume, les pieds usés par deux journées sous un soleil brûlant. Soudain, nous tombâmes sur trois jeunes Africains allongés sur le bas-côté. L'un d'eux leva la tête et découvrit, les yeux écarquillés, notre procession. Ils arrivaient d'Italie, ils étaient seuls, ils n'avaient rien mangé depuis une semaine, ils ne savaient pas où ils se trouvaient. Et voilà, miracle, qu'ils tombaient sur un groupe se rendant à Nice pour demander l'asile! La chance. Nous étions une centaine, la police nous laissait tranquilles.

Plus nous approchions du but, moins l'accueil était favorable. J'entendais des « Sales négros! » vociférés par des automobilistes; d'autres, au contraire, klaxonnaient pour nous encourager. Le racisme est devenu culturel à Nice, alors même que, entre la place Masséna et la promenade des Anglais, les langues se mélangent dans l'indifférence la plus générale: russe, anglais, italien, danois, allemand, japonais... À Nice, l'étranger est accepté tant qu'il est opulent et qu'il consomme.

Nous fûmes accueillis pour déjeuner dans un local associatif du quartier de ma jeunesse, l'Ariane. Des années que je n'y avais pas mis les pieds. Les souvenirs se bousculaient : Soso le gitan, les bouches d'égout que nous visitions, madame Barberis qui me contait l'histoire du quartier… Près du square, des policiers nous attendaient, et un gradé se permit quelques réflexions racistes :

– Vous avez trouvé le bon quartier où les faire migrer ! Avec la tête qu'ils ont, ils n'auront pas de mal à s'intégrer parmi cette racaille !

Vingt ans plus tôt, jamais il ne se serait permis une telle réflexion. Son fourgon aurait flambé le soir même ! Je ne répondis pas tant j'étais concentré sur notre objectif : parvenir place Garibaldi, où des associations nous attendaient. La directrice du Théâtre national de Nice, Irina Brook, avait promis d'être des nôtres, mais elle changea d'avis. Avait-elle subi des pressions ou les avait-elle anticipées ? L'éternelle crainte de la menace…

Il était temps de quitter mes compagnons de sentier, les associations niçoises prenant le relais jusqu'à la PADA. Je devais retrouver mes poules et mes nouveaux hôtes. Nous rentrions les pieds brûlants, Morgan, Youssef et moi. À la maison, des dizaines d'exilés étaient arrivés entre-temps. Nous repartions à zéro avec de nouvelles personnes, toujours sans savoir comment orchestrer leur départ. Mais le but avait été atteint : nous étions déterminés et ne lâcherions rien. Hélas, le préfet disposait d'une solide ressource : les forces de l'ordre.

37.

Camping sous haute surveillance

Juin 2017, début du siège. Trois postes de surveillance différents, soit une trentaine de gendarmes mobiles, entouraient la ferme, se relayant jour et nuit sur les chemins de montagne. Abrités sous des bâches en plastique, ils observaient scrupuleusement aux jumelles l'exploitation agricole mise en veille. On avait l'impression de vivre comme des pirates sur une île, encerclés par la tempête. Le temps filait comme s'il n'existait plus, les semaines passaient comme des jours, les jours comme des mois. Il n'y avait plus de lundis ni de dimanches, seuls les horaires d'ouverture de la PADA et ceux du train rythmaient nos journées. Nous nous sentions dans notre monde à nous, un monde où plus personne ne nous comprenait, pas plus nos soutiens que nos détracteurs. Dans ce territoire autonome de trois hectares sans drapeau, nous avions nos propres règles, avec une devise : Liberté, Égalité, Fraternité, Solidarité.

On n'osait pas parler trop fort dehors – du moins, au début. On s'enfermait, de peur d'être écoutés. Petit à petit, on s'habitua. On leur lançait même des coucous, les invitant à prendre l'apéro – sans succès. La violence ressurgissait à la sortie : contrôles d'identité, photo des papiers et des plaques d'immatriculation, recensement des mouvements de chaque personne… Certains bénévoles n'avaient jamais été contrôlés de leur vie ; là, cela se produisait plusieurs fois par jour.

De l'autre côté de la route, en face du chemin d'accès à ma propriété, deux gendarmes étaient postés sous une petite toile de tente, parfois assis sur des tabourets pliants, comme des zombies en quête d'action. Au départ, ils ne vérifiaient que l'identité des Noirs, et je contestai ces contrôles au faciès. Pour éviter la critique, ils se mirent à contrôler tout le monde, la préfecture se plaignant : « Quand on réalise des contrôles ciblés, on nous reproche du contrôle au faciès. Si on contrôle tout le monde, on nous accuse de contrôles systématiques. »

Chasse aux ombres

La toile d'araignée s'étendait selon un délire qui coûtait chaque jour un bras en argent public, et pour quelle utilité ? Être obligé de vivre vingt-quatre heures sur vingt-quatre sous surveillance constitue une atteinte à la liberté individuelle. Je m'en plaignais auprès des gendarmes, mais ils ne me croyaient pas. Certains se comportaient comme si je n'existais pas. Des gosses dans une cour d'école.

– Avez-vous un ordre écrit pour cette mission ? leur demandais-je. Je parie que non…

Ils restaient silencieux, gênés. Parfois, l'un d'entre eux osait répondre :

– Vous savez, personnellement, on n'a rien contre vous, on applique juste les ordres.

Je pouvais lire la honte sur certains visages. Notre relation était malgré toute courtoise et respectueuse. Ces jeunes de vingt ans n'avaient pas signé pour nous embêter, et ils souffraient du temps long. Ils se préparaient des barbecues, lisaient, se tapaient une petite sieste, jouaient aux Pokémon. Ces gros baraqués souvent tatoués et gonflés à la salle de musculation ne tenaient pas en place. Après quelques semaines dans la Roya, ils s'envolaient pour d'autres missions plus animées, en Guyane ou ailleurs.

Mais, parfois, ils bénéficiaient d'un petit divertissement : la chasse aux exilés surgissant de la voie ferrée ou des sentiers. Toujours le même cirque obscène. Tchen, le gros chien noir, aboyait, les oies criaillaient, des hurlements et des sommations déchiraient le silence, des lampes puissantes transperçaient l'obscurité. Bloqués par un ravin trop abrupt, des hommes en sandales étaient arrêtés par des hommes armés. La noirceur de leur peau les rendait coupables.

Pourtant, ces proies traquées comme des déchets à évacuer étaient discrètes comme des ombres. Qui regarde les ombres ? Personne, sauf dans la Roya. Le droit ne s'appliquait pas à eux. En revanche, il incriminait ceux qui résistaient, comme nous, accablés par la pression policière, les menaces de mort, les gardes à vue, les procès, les perquisitions, les saisies d'ordinateurs et de téléphones portables, les médisances de certains élus et hauts fonctionnaires. Cette surveillance s'y ajoutait, nouvelle violence d'État.

Échec au tribunal

Pour me défendre, je me mis à filmer avec mon portable. Je plaçai aussi au-dessus de mon chemin une caméra trouvée sur un sentier d'accès, que les gendarmes avaient eux-mêmes posée. Ils se cachèrent toute une journée derrière un olivier pour éviter d'être filmés. Par pitié, j'enlevai la caméra. Dans cette guéguerre, chacun avançait avec ses moyens. En montagne, ils plaçaient des « pièges » dignes de la sixième puissance mondiale, comme ces fils de pêche transparents tendus en travers du chemin et reliés à une bouteille en plastique remplie de cailloux ou à des recharges métalliques de flashball. Si un shebab passait, il s'y prendrait les pieds et donnerait l'alerte…

Quand les gendarmes partirent, des mois plus tard, comme par magie, ils laissèrent derrière eux une forte odeur d'urine et quelques déchets. Sur le poteau électrique en bas de chez moi, ils avaient gravé au couteau « Marseille », provenance de leur compagnie mobile, ainsi que des barres comptant les jours. Comme des taulards.

Un an plus tard, au printemps 2018, ils revinrent à leurs postes et en ajoutèrent même un. Comme des oiseaux migrateurs… On était presque contents de les revoir, mais pas question cette fois d'accepter sans réagir. Nous utilisâmes nos armes habituelles : la médiatisation et le droit. Nous filmions sans cesse, prenions des photos ensuite diffusées sur les réseaux sociaux. Le harcèlement changeait de camp : nous les prenions à leur propre jeu.

Un huissier constata leur présence chaque matin et chaque soir pendant une semaine. Forts de ces preuves, que nous pensions conséquentes, nous introduisîmes un référé au tribunal administratif de Nice pour que cessent toutes ces « atteintes graves et manifestement illégales aux libertés fondamentales ». Selon la loi, les gendarmes peuvent contrôler pendant douze heures, mais pas plus. Pour nous, le préfet ordonnait des actions illégales.

Devant le tribunal administratif, il envoya Muriel Rolle, cheffe du bureau du contentieux de la préfecture, et Jean-Philippe Nahon, directeur départemental de la police aux frontières. Le patron de la PAF se déplaçait pour une histoire de ferme… L'atmosphère était tendue, nous étions impatients d'entendre leurs justifications. Telle une photocopieuse qui bugue, Mme Rolle asséna des textes juridiques barbants pour déclarer le tribunal administratif incompétent (comprenez : ce n'étaient pas ses affaires). Pour elle, notre requête était irrecevable, car la décision attaquée (la présence des gendarmes) était « inexistante ». Ce que nous racontions était faux. Ils n'étaient pas là, ou alors seulement de temps en temps, et selon elle, entre deux constats d'huissier, ils quittaient les lieux ! L'hallucination.

De son côté, Nahon devenait cramoisi, comme s'il allait exploser, au fur et à mesure que Zia exposait les faits. Je me demandai s'il était au courant de la présence policière autour de chez moi. Et la mauvaise foi de la préfecture me sidérait : comment pouvait-elle mentir aussi ostensiblement à la justice ? Mais cette stratégie était la bonne, puisque le tribunal se déclara incompétent. Pour le magistrat, malgré les constats d'huissier, nous n'établissions pas que les contrôles d'identité « auraient présenté un caractère continu excédant la durée prévue par la loi ». Mais comment le prouver ? En filmant sans arrêt pendant douze heures ?

Le coup de la rubalise

Un jour, alors que j'avais la tête tournée, quatre gendarmes armés jusqu'au cou obligèrent Halefom à s'agenouiller par terre pour contrôler son identité. Cette violence me mit hors de moi. Je repensai à la réflexion d'un gendarme : on pouvait porter plainte pour violation d'une propriété privée si celle-ci était matérialisée par une barrière ou un panneau. J'attrapai un rouleau de rubalise dans mon camion et étirai le ruban plastique autour des quatre gendarmes sidérés, Halefom toujours agenouillé au milieu d'eux. Personne ne bougeait dans ce qui ressemblait à une scène de crime. J'appelai la gendarmerie de Nice :

– Je voudrais me plaindre d'individus sur ma propriété privée qui refusent de partir.

– Heu, oui, d'accord, pouvez-vous nous décrire la scène ? Qui sont ces individus ?

– Ils sont habillés en noir, avec des pistolets à la ceinture.

– Des pistolets ?! Excusez-moi, qui est au bout du fil ?

– Cédric Herrou. Je pense que ce sont des gendarmes.

Quelques minutes plus tard, l'infraction fut constatée par leurs collègues. Les gendarmes partirent la queue entre les jambes. Nous étions le 30 juillet 2018. Hilare, j'appelai mes avocats, Sabrina et Zia :

– Vous ne devinerez jamais ! J'ai fait partir les gendarmes avec un bout de rubalise !

Quand on y réfléchit, c'est dingue. Le droit de propriété est davantage respecté que celui des individus. On peut bafouer le droit d'asile, mais on n'entre pas dans un espace privé. Si des réfugiés se trouvent sur ma propriété, les flics ne peuvent pas agir. S'ils sont dix centimètres à l'extérieur, ils sont aussitôt arrêtés et expulsés.

38.

Le piège

Fin juillet 2017, le flux des arrivées augmente subitement. En quelques heures, une centaine de gars arrivent chez moi, épuisés, tremblant de peur et de fatigue. Les oies crient pour annoncer leur venue, les shebabs les encouragent. L'œil hagard, ils s'agrippent aux murets pour gravir les derniers mètres et se retrouver à l'abri. Bienvenue en terre amie ! Ils atteignent la case où ils ne risquent plus rien, une sorte de principauté. Monaco, mais en plus rustique.

Certains s'évanouissent, déshydratés, pendant que d'autres, en shorts et sandales, dévalent les restanques à une allure vertigineuse, poursuivis par des gendarmes mobiles surgis comme par magie des fourrés. Des cris résonnent au travers des vallons, les tunnels de chemin de fer amplifient les hurlements. Des Africains sont plaqués au sol sous la menace de FAMAS, Tchen et Mia aboient. La bataille est inéquitable, mais les shebabs courent vite. Les chiens leur lèchent le visage en guise de salut fraternel, après l'effroi de ce sordide jeu de chat perché.

D'autres ont moins de chance. Les gendarmes ont ainsi coursé un groupe jusqu'au drame : un jeune s'est débattu et a sauté du parapet dans le fleuve, chutant d'une dizaine de mètres. Pétrifiés, les gendarmes ont arrêté leurs véhicules au milieu de la route, gyrophares allumés, et ont scruté le corps étendu sur les rochers. Les pompiers ont remonté le jeune homme inconscient grâce à un palan de levage.

– Il est en vie ?

– Oui, il respire, mais il est mal en point, a répondu un gendarme.

Malgré ses multiples fractures, il s'en est sorti.

Les barrages volatilisés

22 juillet 2017. Dès le réveil, j'ai perçu quelque chose de bizarre. Aucune activité chez les gendarmes qui nous surveillent, pas une seule paire de jumelles braquée sur nous, rien. Je siffle, aucune réaction. Curieux. Flairant l'embrouille, je grimpe à leur recherche. Au col qui domine les toits accolés de Breil, tout paraît trop calme. Seuls les cygnes, animaux totem du village, troublent la quiétude en naviguant les ailes écartées sur le lac en contrebas.

Sur le GR 510, Mimine, la chatte rousse, garde le premier poste de gendarmerie, confectionné avec des bâches en plastique. Mais sans ses occupants habituels, ces jeunes fonctionnaires qu'elle a adoptés et qui la nourrissent pour tuer leur ennui. D'habitude, ils sursautent quand on passe, vaguement gênés d'être avachis sur leurs chaises de camping. Mais ce matin ils ont disparu. Personne non plus au deuxième poste. Surpris, j'appelle la gendarmerie de Nice.

– Les mobiles ne sont pas à leurs postes ce matin. Nous sommes jeudi, donc proches du week-end. Ça ne me dérangerait pas que vous leviez les contrôles lundi, mais là, avant le week-end, ça va créer le foutoir. Beaucoup de personnes risquent de débarquer, et nous devrons attendre lundi matin pour les faire partir vers Nice.

– Les mobiles patrouilleront plutôt que de rester en poste fixe, indique le commandant, inflexible sur ce changement de stratégie.

– Je ne pense pas que votre nouvelle technique soit concluante.

– Ne vous inquiétez pas, on gère.

Comment ose-t-il parler de « gestion » avec le bordel que connaît la Roya ? La vallée est devenue un point névralgique dans la politique gouvernementale d'expulsion des « migrants ». Malgré la surveillance du camping, les arrivées ne diminuent pas. Cela peut sembler bizarre : elles ont même augmenté. Quinze gendarmes mobiles sont postés en permanence sur les barrages, un dispositif qui mobilise cinquante personnes par tranches de vingt-quatre heures. Insuffisant pour bloquer notre terrain, bastion de résistance de trois petits hectares de rien du tout.

Selon ma théorie (complotiste ?), le préfet lève les barrages en espérant que la situation dégénère. Il attend depuis longtemps qu'on se plante. Il sait que nous ne sommes pas prêts à accueillir autant d'exilés. Pas assez de tentes ni de sanitaires, un accès pédestre des plus ardus. Si un drame se produit ou si nos conditions d'accueil deviennent trop indignes, il gagne son pari. Mais a-t-il conscience qu'il risque également de créer un mini-Calais dans la Roya, ce que le protocole imaginé par les gendarmes a permis jusque-là d'éviter ?

Papiers d'identité made in la Roya

À la fin du week-end, on compte déjà deux cent cinquante personnes à la maison, dont soixante-dix mineurs. Marion et Rémi, les « bureaucrates » de notre sous-préfecture autogérée, s'attaquent à la rédaction des « fiches d'identification ». Ce document confère aux shebabs, tous démunis de papiers, un semblant d'existence officielle. Il s'agit d'un simple formulaire portant leurs nom, prénom, date de naissance, nationalité, photo, et surtout la phrase clé : « Je suis demandeur d'asile et j'ai fait connaître ce jour ma volonté de déposer la demande d'asile en France à la gendarmerie de Breil-sur-Roya. »

Pour la touche juridique, on ajoute quelques extraits du CESEDA, à la demande de Zia, notre avocat. Et, pour la touche « pantaï » (« délire » en niçois), un bel en-tête « RC », pour Roya citoyenne, donne un côté « RF », République française.

« Si ça se passe mal, explique-t-on aux shebabs, vous envoyez votre nom/prénom et le poste de police dans lequel vous êtes par SMS au numéro d'urgence inscrit en bas de votre document d'identification. Nous préviendrons alors un avocat. Pas d'appel, c'est un numéro d'urgence. »

Si la personne est renvoyée en Italie, on a alors la preuve tangible qu'elle comptait demander l'asile en France avant son refoulement. Ce procédé nous a permis de gagner des dizaines de fois au tribunal administratif pour « atteinte grave et manifestement illégale au droit d'asile ».

La procession matinale

Le week-end se passa plutôt bien. Tous ces hommes débarqués avec juste leurs vêtements et la peau zébrée d'égratignures se savaient privilégiés. On les traitait, malgré les conditions spartiates, comme des humains. Et sans condescendance, ce qui les changeait. Les plus chanceux s'entassèrent à six dans des tentes de quatre, les autres dormirent à la belle étoile sur le sol, sur (ou sous) les tables de la cuisine ou les caravanes. Évidemment, les quelques toilettes sèches ne suffirent pas, et on creusa des dizaines de trous sur le terrain, sans respect pour l'intimité.

La « team cuisine » de Youssef et Mohamed assurait en continu après avoir dévalisé la banque alimentaire supervisée par notre druide à tous, Richard – Pakeret ou Pak pour les intimes. Abdel et Kamal enregistraient les arrivées sur un cahier. Babakar détaillait à chacun les règles de notre communauté pendant que Kamal poursuivait son enquête sur les passeurs de Vintimille : depuis plusieurs semaines, il discutait avec les shebabs pour peaufiner l'organigramme précis du réseau.

Dès sept heures, une file interminable attaqua le sentier pédestre vers la gare de Breil. La colonne serpentait en silence dans les lacets sur plusieurs centaines de mètres, avec des allures de procession religieuse. Tête baissée, les deux cents hommes étaient inquiets de ce qui les attendait. Ainsi va la migration : quelques jours tranquilles, puis à nouveau l'inconnu.

À la gare, où les gendarmes locaux nous accueillaient habituellement d'un cordial : « Cédric, on prend les noms et c'est bon ? », l'ambiance était tendue. Si ces arrivées ne représentaient plus un événement, leur nombre modifiait la donne. Ils effectuèrent l'appel pour vérifier les identités. Avec leur prononciation française, personne ne se reconnaissait. Kamal reprenait chaque nom, et la scène en devenait comique. Mais les rires s'éteignirent vite devant le triste spectacle des Africains alignés dos au mur, les mobiles armés face à eux.

En gare de Nice, à ma grande surprise, les médias étaient là.

– On n'avait pas convenu qu'il n'y aurait pas de journalistes ? demandai-je à David, le responsable associatif local.

– Si, mais je pense qu'il faut médiatiser.

– Pas nous. La communication est déconstructive. Ils sont deux cents, ça va faire flipper les gens, et quand ça se passe mal, c'est moi qui paye les pots cassés, pas toi !

J'étais furieux, et les journalistes attisèrent encore ma mauvaise humeur, volant des images sans pudeur comme des vautours qui rôdent autour d'un animal encore vivant. Par leur comportement, ils réduisaient à nouveau ces hommes à l'état de « migrants » qui suscitent la peur. Déjà, j'entendais l'extrême droite crier à l'invasion et à la crainte que des terroristes ne se trouvent dans le lot.

Le piège se refermait. La PADA avait convaincu David de ne pas enregistrer les demandeurs d'asile qui poursuivaient vers un autre département, soit la grande majorité. Le groupe errait de square en square, chassé par les policiers. Quelle solution nous restait-il ? Aucune. La volonté unanime du préfet, des flics, de la SNCF, des militants et de moi-même se résumait à cette injonction : quitter Nice au plus vite.

À la gare, je me faufilai dans un wagon avec deux Érythréens, les autres s'étant éparpillés dans le train. Je voulais juste m'assurer qu'ils passeraient bien Cannes. Après, ils seraient hors du département, donc a priori préservés d'une reconduite à la frontière. Si ça dégénérait, je filmerais en caméra cachée.

En me voyant grimper, Céline, une amie de Nice, s'alarma :

– Tu vas finir en garde à vue.

Elle avait raison.

39.

La rafle de Cannes

– Espèce de fils de pute, ici on n'est pas les tapettes de la police de Nice, on va te défoncer ta bouche de bâtard de merde, tu comprends ?

Les policiers m'avaient collé face contre le mur, et je n'en menais pas large. À l'arrivée à Cannes, ils étaient grimpés comme des furies dans les wagons pour en dégager tous les Noirs. Le quai grouillait de touristes béats qui continuaient de déambuler en toute insouciance, avec leurs affreuses sandales en plastique, bob sur le crâne, matelas gonflable sous le bras. Aucun ne s'émouvait de ce spectacle atterrant : cent cinquante-six Noirs indésirables assis par terre et encerclés par des dizaines de policiers.

– Il est là ! entendis-je crier alors que je filmais au portable.

Je réussis à me barrer hors de la gare, mais un officier de la PAF me crocheta le pied, saisit mon poignet d'une main, ma nuque de l'autre. Ma blessure à l'épaule tiraillait, Léa et Rémi filmaient tout en alertant Marion au téléphone :

– Marion ! C'est parti en cacahuète !

Nous étions tombés dans le piège, comme des abeilles dans un champ de colza cultivé par Monsanto. Le préfet réquisitionna des bus afin de reconduire en Italie les cent cinquante-six shebabs interpellés. Les policiers viraient d'un coup de bras les téléphones qui les filmaient. Les touristes, détournant toujours le regard, rejoignaient la plage. Je priai pour que les âmes perdues des « migrants » morts en Méditerranée perturbent leurs rêves. J'imaginais que, pour les punir de leur indifférence, des bouts de corps décomposés se déversent sur leurs corps allongés, afin qu'ils soient maudits par toutes les victimes disparues en silence.

La Croix de fer

Le mollet d'un flic révéla un tatouage sans équivoque : la Croix de fer, symbole du troisième Reich et décoration préférée de Hitler. Ma garde à vue risquait de craindre, avec des policiers d'ultra-droite. Ils brandirent des déclarations de demandeurs d'asile selon lesquels je les avais récupérés à Vintimille en leur expliquant comment éviter les contrôles : « Cédric nous a prévenus qu'après Cannes, c'est bon, disaient ces "témoins". En plus, il nous a donné un papier pour passer les contrôles. »

Les policiers s'appuyaient sur la vidéosurveillance de la gare de Nice, qui me montrait « en train d'inviter des migrants à monter dans le train pour Marseille », ce que je ne niais pas :

– D'après les informations de la PADA, ces personnes ont le droit d'effectuer une demande d'asile dans d'autres départements. Donc, je leur ai indiqué le train en partance pour Marseille.

La PADA aurait dû se charger de fournir ces indications. On prenait le relais. Rien d'illégal.

– Nous avons deux cents personnes à gérer, sans l'aide des pouvoirs publics ni aucune directive. On se doit d'improviser [...]. Nous n'avons aucune possibilité de communication avec le préfet ou le ministère de l'Intérieur. Notre association s'adapte au mur du silence et fait comme elle peut avec les moyens qu'elle a.

La leçon de droit de Zia

Je relevais une incohérence énorme. À Breil, les demandeurs d'asile étaient montés dans le train pour Nice sans problème, encadrés par les gendarmes. En situation régulière, donc. Quelques heures plus tard, ils devenaient illégaux à Cannes. Comment expliquer ce revirement ? Y avait-il une logique ? Non. Pourquoi le préfet avait-il attendu Cannes pour agir ? Désirait-il changer de tribunal pour instruire le dossier ? Une rumeur courait : le parquet de Nice était trop laxiste avec moi ; celui de Grasse, dont Cannes dépend, comptait « reprendre l'affaire ». On marchait sur la tête, comme toujours, dans le plus total irrespect des règles de droit.

Zia Oloumi rappela ces dernières aux fonctionnaires, qui les notèrent consciencieusement. D'abord, le demandeur d'asile peut « demeurer provisoirement sur le territoire jusqu'à ce qu'il ait été statué sur sa demande » (Conseil constitutionnel, 13 août 1993). Ensuite, lorsqu'il présente sa demande, la police ou la gendarmerie doivent l'orienter « vers l'autorité compétente » (article R741-2 du CESEDA). Enfin, même lors d'une interpellation pour « entrée irrégulière sur le territoire », la police ou la gendarmerie doivent transmettre la demande au préfet, qui est tenu de l'enregistrer (Conseil d'État, 2 octobre 1996).

Dans les Alpes-Maritimes, aucune de ces règles n'était respectée.

40.

Parqués comme du bétail

La voiture banalisée de la PAF fonçait à tombeau ouvert. Gymkhana entre ronds-points et carrefours, feu rouge ou vert, le pilote se jouait des embûches. Dans son sillage, les gendarmes et la police nationale avaient branché les gyrophares. Un impressionnant défilé pour se rendre à une simple perquisition… Les blagues et réflexions juvéniles scandaient le parcours. Je n'écoutais que d'une oreille. Mes poignets, entravés par les menottes, me faisaient mal. Dehors, les premières crêtes de la Roya et les oliviers m'offrirent un précieux réconfort après une nuit en cellule.

J'aurais tout donné pour m'arrêter chez Marisa, la vieille épicerie de la frontière, tenue par deux sœurs. Une bière fraîche, un sandwich tomates-mozza, une cigarette… Notre convoi passa en trombe. Les sœurs savaient-elles que j'en étais la cause ? Sans doute. Tout se sait dans une vallée, la frontière n'a jamais arrêté les rumeurs.

Viaduc des Éboulis, pont de Rogne, quelques virages, puis le défilé stoppa brutalement sur la nationale, sans même se garer. Les deux cadors habituels m'exhibèrent comme des pêcheurs au gros après une belle prise.

Ce que je découvris là-haut me consterna. Mes hôtes étaient séparés en trois groupes et parqués comme du bétail. Les mineurs assis par terre dans la cuisine, les uns sur les autres, encerclés par des gendarmes armés. Les adultes debout en plein cagnard, étroitement surveillés et privés d'eau et d'accès aux toilettes, jusqu'à ce que Youssef, notre cuistot pugnace, négocie un assouplissement. Les bénévoles, eux, étaient rassemblés sur la terrasse, avec interdiction de bouger un cil.

– Sommes-nous en état d'arrestation ? Privés de nos droits ? interpella Marion.

Non, ils relevaient juste les identités. Pour les shebabs, le moment était autrement plus grave. Ils devaient être embarqués, même les quelques « permanents » qui vivaient légalement chez nous et étaient enregistrés à la préfecture. Je me souviens encore du regard des mineurs. Apeuré. Avec au fond comme une blessure et une appréhension. « Tu nous as menti ! » semblaient-ils me dire.

Je leur avais promis une prise en charge par l'ASE, ils l'attendaient depuis des jours, des semaines, le plus souvent. Les plus chanceux retourneraient croupir sous le pont de Vintimille ; les autres seraient déportés par les autorités italiennes vers Tarente, à huit cents kilomètres au sud de la péninsule, histoire de rendre leur vie encore plus difficile…

« Vous auriez pu nettoyer ! »

Le CCH n'était pas beau à voir. Des tas de poubelles traînaient partout, vestiges du week-end de folie.

– C'est dégueulasse ! Vous auriez pu nettoyer !

Je savais ma réaction injuste et ma mauvaise humeur déplacée. Les flux, depuis plusieurs semaines, n'avaient pas tari. Plus de quatre-vingt-dix personnes avaient débarqué depuis notre départ la veille à deux cents personnes. Les policiers de Cannes jubilaient : ils pouvaient enfin prouver les « conditions indignes » d'hébergement.

– Quel salaud, ce Herrou !

Ils photographiaient tout, même la pataugeoire des oies. Ne servait-elle pas de baignoire aux shebabs ? Quel délire ! Ils me menacèrent de poursuites. Les policiers fanfaronnèrent moins quand ils s'aperçurent de leur problème logistique : ils disposaient d'un seul minibus de neuf places pour dix fois plus de personnes à embarquer.

– On ne pouvait pas deviner qu'il y aurait tant de monde ! pesta la commandante.

Et pourtant, depuis combien de temps tirions-nous la sonnette d'alarme ? L'opération tourna au grand cafouillage. Au fur et à mesure de leur embarquement, nos hôtes lançaient à Marion un discret : « Merci et à demain ! » De Vintimille, la plupart d'entre eux reprendraient le chemin de notre camp. Bienvenue au pays de l'Absurdistan.

Scoop bidon

« EXCLUSIF – Cédric Herrou, le "passeur de migrants", a été incarcéré ». *Valeurs actuelles* se vantait de son « scoop », au point de le réitérer dans quatre tweets successifs. Il était tout simplement faux. Je n'étais pas emprisonné. Un simple appel au parquet de Grasse aurait permis de le vérifier. Mais sans doute l'hebdo qui roule très à droite n'avait-il pas le numéro.

Les aboyeurs habituels me tombèrent dessus. Florian Philippot, Gilbert Collard relayaient l'intox, et Olivier

Bettati renchérissait : « *Valeurs actuelles* révèle que M. Herrou héberge des gens au milieu des excréments, une honte, ce type est un monstre. »

Estrosi et Ciotti se tiraient la bourre. Le premier me traitait d'individu « qui nuit au travail des forces de l'ordre » et se complaît dans le « profit de la misère humaine ». « L'État doit faire cesser l'action de M. Cédric Herrou et de ceux qui le soutiennent, sans quoi il s'en rend complice », menaçait son meilleur ennemi, Éric Ciotti.

Heureusement, José Bové rectifia le tir après un week-end passé chez nous : « Cédric Herrou et tous les gens de la vallée de la Roya ne vont pas chercher des réfugiés, les réfugiés passent la montagne. On n'est pas du tout dans une situation de passeurs de clandestins, tout ça se fait au grand jour. »

Au passage, le député européen chiffrait à soixante mille euros le coût quotidien de la surveillance autour de la frontière. Qui serait comptable de cette dilapidation de temps et d'argent ?

41.

Clients convoqués et balises GPS

Interdiction de sortir du territoire, interdiction d'approcher les gares, interdiction de prendre le train : un strict contrôle judiciaire paralysait mes mouvements, m'empêchait de travailler mes oliviers côté italien ou de traverser la frontière pour aller livrer mes produits à Nice. Le piège se refermait sur moi.

Avais-je des contacts avec des passeurs ? Les arrivées étaient-elles « téléguidées par d'éventuels complices ou au contraire subies » ? Surtout, avais-je un « intérêt financier » dans l'affaire ? La juge d'instruction de Grasse, qui m'avait mis en examen pour « aide à l'entrée et à la circulation irrégulière d'étrangers », lança les policiers à l'assaut de mes comptes bancaires et de ceux de Roya citoyenne. J'étais tranquille. Rien à déterrer de ce côté-là. La PAF dut le reconnaître après deux ans d'un travail ridicule : « L'enquête ne nous a pas permis de trouver d'éléments matériels probants », écrivit le major Exbrayat en octobre 2019.

Et pourtant, la police convoqua toutes les personnes ayant signé des chèques en ma faveur depuis 2013. Elles durent s'expliquer. Étrange pratique, dont le but ressemblait à s'y méprendre à un torpillage de mon activité. Nombre d'entreprises n'auraient pas résisté à pareil traitement. Mais, à part un magasin, mes clients me soutinrent sans hésitation.

– Je trouve cette méthode dégueulasse ! me dit l'un d'eux. Comme si nous devenions complices de tes actions en achetant tes produits.

Balises GPS

Le rapport d'enquête livra une autre surprise. Et de taille. Les policiers avaient pénétré clandestinement chez mes parents et posé des balises GPS sur leur voiture. Je savais mon téléphone sur écoute, mes véhicules suivis de près, mais de là à imaginer qu'ils espionnaient mes proches... C'était intolérable. Comment pouvait-on toucher si directement à ma famille ?

Je passai la nuit à lire les quelques centaines de pages du rapport, affligeant et édifiant. Le personnage principal, décrit dans les plus menus détails, était caricaturé, maltraité et évoqué avec un immense mépris. Loin de toute recherche objective de la vérité. Plus grave encore, le rapport remettait en cause la convention de Genève et le droit d'asile en s'acharnant sur Forum réfugiés, l'association qui gère la PADA de Nice. Celle-ci était coupable à leurs yeux d'estimer que « tout clandestin » peut « en tout temps demander l'asile sur notre sol ». C'est pourtant la loi. Ignoraient-ils que Forum réfugiés dispose d'une délégation de service public et que le ministère de l'Intérieur la finance en partie ?

« Pourquoi n'y a-t-il que des hommes entre quinze et trente ans qui migrent et demandent l'asile en Europe ? » s'interrogeaient encore les policiers face au juriste de l'association. Ils reprenaient – à dessein? – l'argumentaire recuit de l'extrême droite. S'ils s'étaient renseignés, ils auraient su que, à l'échelle mondiale, la majorité des migrants sont des femmes et des enfants; simplement, à la différence des hommes, ils s'arrêtent dans des pays voisins, sans atteindre l'Europe.

N'ayant rien à se mettre sous la dent, les policiers s'égaraient et chipotaient: si mon action n'était pas illégale, j'en retirais bien un certain intérêt. « La défense des migrants reste un sujet politique épineux et très sensible. Herrou a su se glisser dans cette faille afin de récupérer une certaine notoriété », commentaient-ils. Cette notoriété m'amenait « un groupe de donateurs, pour certains assez généreux », qui effectuaient des dons « en consommables et en espèces ». « De ce fait, Herrou ne dépense pas d'argent pour ce qui est de la nourriture et des vêtements », constataient-ils.

– Encore heureux que tu n'achètes pas de fringues, vu comme t'es sapé! ricana Morgan.

« Grave trouble à l'ordre public »

On ne pouvait rien me reprocher, et surtout pas l'aide illégale à l'entrée d'étrangers « irréguliers ». « Sage et averti de son jugement passé pour ces faits, il n'a fait qu'aider au séjour et à la circulation en France », concluait la PAF, comme à regret. Certes, j'avais « causé malgré la présence policière un grave trouble à l'ordre public » en gare de Cannes, parce que je « menais » cent cinquante-six « migrants », « hommes exclusivement ». Encore une erreur factuelle: je ne les « menais » pas, je les accompagnais pour filmer un éventuel renvoi illégal de demandeurs d'asile.

Au fil de ces trois années d'enquête, ni la police, ni la justice, ni l'État ne reconnaissaient leur dérive. La « lutte contre l'immigration irrégulière », prérogative légale, s'était transformée en lutte contre l'immigration tout court. Habitués à renvoyer les exilés dans l'indifférence la plus totale, ils n'avaient pas prévu que des citoyens diraient : « Assez ! » Et cela, ils ne pouvaient pas plus le comprendre que le supporter.

42.

Une « principauté » en péril

Notre « principauté » vacillait. La rafle de Cannes avait causé des dégâts, et manifestement le protocole conçu quelques mois plus tôt avec les gendarmes était devenu caduc. Rien d'étonnant à cela : il avait toujours hérissé le poil du préfet et de la PAF. À Vintimille, les shebabs se passaient le mot : la « sous-préfecture » de la Roya était devenue une souricière, un nid de flics à éviter. Les arrivées chutèrent brutalement de moitié.

Pas décidés à baisser les bras, nous organisâmes un convoi pour nos nouveaux hôtes. La PAF se pointa en gare de Breil et refoula tout le monde en Italie, sous les yeux de gendarmes locaux dépités. La tendance se confirmait : fin de la tolérance et répression tous azimuts. Comment lutter ? Les documents manquaient pour attaquer au tribunal administratif, car les flics les déchiraient. Les shebabs improvisèrent une parade : ils collèrent les refus d'entrée contre la vitre du bus qui les refoulait afin qu'on puisse les photographier. J'étais fier d'eux, comme un père qui admire son gamin faisant du vélo pour la première fois.

La préfecture fut à nouveau condamnée. Cela n'empêcha pas les autorités de continuer à jouer au chat et à la souris avec les règles à travers des renvois expéditifs sur la base de formulaires pré-cochés, sans traduction ni examen individuel ou prise en charge en Italie. Et que penser de cette consigne manuscrite découverte à la PAF de Menton-Garavan par la députée européenne écolo Michèle Rivasi le 31 mars 2018 : « Si presse sur place, pas d'embarquement de mineur dans les trains pour Vintimille » ?

La PAF avait pris l'habitude de refouler discrètement des mineurs par le train, car la police italienne y patrouillait rarement. Ce procédé lui permettait de contourner les « retours à l'envoyeur » subis. De fait, quand elle refoulait les exilés à pied par paquets, les collègues transalpins lui renvoyaient automatiquement les moins de dix-huit ans : « Ceux-là, vous les gardez. L'ASE doit s'en charger, c'est la loi française. »

Les protestations contre ces entorses à la loi avaient beau se multiplier, elles restaient sans effet. L'État ne respectait pas le droit, et tout le monde ou presque s'y habituait.

Acharnement contre Martine Landry

Martine Landry avait, comme moi, croisé ses premiers « migrants » sur les rochers de Menton, en 2015. « Lorsqu'on échange des sourires avec eux, on ne peut plus les abandonner », affirmait cette militante respectée d'Amnesty International.

Le 28 juillet 2017, la retraitée récupéra près du poste-frontière italien deux Guinéens de seize ans qui avaient été illégalement refoulés de chez moi lors d'une perquisition. Enregistrés par l'ASE, ils avaient le droit de revenir. « Je les ai attendus sous le panneau France, expliqua-t-elle lors de son procès. J'ai fait ce que toute personne devrait faire : les accompagner à la police aux frontières pour que ces jeunes soient pris en charge. »

Son action n'avait rien d'illégal, et l'ASE les plaça immédiatement en foyer. Martine Landry avait protégé des ados, et c'était tout à son honneur. Mais le parquet de Nice engagea des poursuites. Elle aurait « convoyé pédestrement » deux mineurs étrangers « en situation irrégulière » du côté italien au côté français. C'était faux. Martine n'avait pas franchi de frontière, et les mineurs ne peuvent pas être considérés comme étant en situation irrégulière.

Le parquet s'entêtait à employer sa tactique habituelle : dissuasion, intimidation, acharnement. Mais rien n'étayait le supposé « complot » qu'il suspectait. La représentante de l'accusation dut le reconnaître à l'audience et, de mauvaise grâce, requit la relaxe. En juillet 2018, le tribunal correctionnel innocenta Martine et loua son « action fraternelle dans un but humanitaire » : « Elle n'a, à aucun moment, cherché à se soustraire à la loi. »

Le parquet général d'Aix-en-Provence n'apprécia pas ce camouflet et interjeta appel, alors que le parquet de Nice, placé sous ses ordres, avait précédemment requis la relaxe… La justice s'empêtrait dans ses propres contradictions. À la veille de l'audience, en juillet 2020, le parquet général rétropédala et renonça à son appel. Que de temps, d'argent et d'énergie perdus pour coincer une citoyenne de soixante-seize ans à qui l'on ne pouvait reprocher que de faire ce qui lui semblait juste !

43.

La cagnotte à cabanes

Telle une autruche qui picore les touches d'un clavier, Rémi s'attela, le dos courbé, au lancement d'une cagnotte en ligne sur Leetchi. Objectif : financer des chalets en bois qu'on construirait sur notre terrain. L'idée venait indirectement des enquêteurs de la PAF, qui, après la perquisition, avaient insisté sur l'insalubrité de notre camp. Oui, les conditions étaient indignes, mais cela justifiait nos revendications : c'était à l'État et à l'État seul de pourvoir à l'hébergement, certainement pas aux citoyens. Comme l'État ne s'en préoccupait pas, nous tentions d'améliorer nos structures.

Rémi releva la tête, lunettes tordues sur le nez :

– On veut atteindre quelle somme ?

– Quatre mille !

– Huit !

L'enchère grimpa jusqu'à onze mille euros. Puis Kamal, sans savoir de quoi on parlait, lança :

– Quinze mille !

– Quinze mille une fois, quinze mille deux fois, quinze mille trois fois : adjugé, vendu ! Monsieur Kamal, vous venez de finaliser la campagne historique des petits chalets, qui nous amèneront, sans aucune surprise, de nouvelles emmerdes !

Franchement, nous doutions d'y arriver, mais le compteur grimpa d'heure en heure. Dix mille euros le lendemain, puis quinze, vingt, quarante... Nous nous arrêtâmes à soixante-cinq mille euros, imaginant déjà les flics en train de se frotter les mains : « Vivement qu'il encaisse, on le coffre aussitôt ! »

Argent bloqué

Nous créâmes une nouvelle structure, DTC, pour Défends ta citoyenneté (et non pas Dans ton cul, autre signification possible de ces trois lettres). Elle réunissait des jeunes gens efficaces, habitants de la vallée ou Niçois habitués à réceptionner les shebabs. La confiance y régnait, contrairement à ce que j'avais pu observer au sein de Roya citoyenne. Loin des disputes stériles et des lenteurs, nos réunions ressemblaient à des apéros entre amis.

Un grain de sable vint cependant gâcher notre bonne humeur.

– Cédric, la cagnotte pour les cabanes est bloquée ! s'exclama Marion un matin.

Des élus d'extrême droite avaient exigé sa fermeture. Notre action en faveur des « immigrants clandestins » constituait, selon eux, un objet illégal. Leetchi nous balada pendant quelques semaines, puis refusa de verser l'argent. La plate-forme évita soigneusement de consigner noir sur blanc la raison du blocage. Un coup de fil dénoua la situation : soit elle nous versait notre dû, soit on médiatisait. La menace paya, comme souvent dans ce genre de cas.

L'argent alla aux chalets, aux douches, à la cuisine et à nos actions judiciaires. La PAF lista dans son rapport d'octobre 2019 ces « avantages » dont j'aurais bénéficié, comme « l'amélioration des conditions de vie » sur le terrain, « dont des toilettes sèches ». Nous les devions en partie à ses enquêteurs et à leurs menaces de poursuites pour conditions indignes d'hébergement. Devait-on les en remercier ?

44.

Touristes humanitaires

On les reconnaît à trois signes distinctifs : ils ne préviennent pas de leur venue, ils arrivent les mains vides, ils désirent rencontrer un « migrant ». Ces touristes humanitaires n'apparaissent que l'été. Ils parcourent des centaines de kilomètres pour venir découvrir la misère, qu'ils côtoient pourtant souvent au pied de leur immeuble. Étudiants, chercheurs ou simples pékins, ils font vite la différence entre les aidants (blancs) et les aidés (noirs), « racisant » les personnes sans s'en rendre compte, à l'instar des policiers et des gendarmes. Ils s'adressent à elles comme à des sourds ou des déficients, multipliant les questions que, pour notre part, nous évitons soigneusement : « D'où venez-vous ? Et la Libye ? Et le bateau ? Et la police ? Et votre famille ? »

Nos gars se défilent. Pas envie de se sentir matés comme dans un zoo, une ferme pédagogique où des Soudanais auraient pris la place des chèvres. Seul Youssef, notre cuistot, fait obstinément front. Il leur balance dans son franglais maladroit qu'il est originaire de… Breil-sur-Roya. Si, si. Et il les bouscule verbalement, comme s'ils étaient eux-mêmes des shebabs : « Ici, pas de zigzags, sinon you problème avec moi ! »

Les énergumènes sont de plus en plus déstabilisés. Certains, en quête d'un remède à leur crise existentielle, rêvent de s'installer à long terme, sauveurs de la misère, tuteurs de « migrants », forcément faibles et immatures. Ils comprennent mal qu'on ne les accueille pas avec la chaleur qu'on réserve aux shebabs. Ils ont lu des articles sur « Herrou de la Roya » ou « le Robin des bois des migrants », et, ne s'estimant pas « à la hauteur », ils s'inventent des super-héros pour agir à leur place. Rien de tel au CCH. Leur déception est patente quand ils cherchent chez moi quelque trace d'empathie, de pitié, de dévouement, que sais-je. La charité n'est plus ce qu'elle était, se disent-ils. Exact. Ici, on pratique la solidarité, pas l'infantilisation. Les exilés apprécient, pas les touristes.

Je découvre à leur contact que le racisme n'appartient pas qu'aux haineux. Willy, un de nos bénévoles, subit leurs assauts. Il est français et surdiplômé, mais, comme il a la peau noire, il ne peut être qu'un pauvre migrant dénué d'éducation.

– Bon-jour, vous vous ap-pe-lez com-ment ? l'interpelle un visiteur.

– Willy.

– Et vous ve-nez d'où ?

– Paris.

– Oui, mais a-vant ?

– Ben, je suis né à Paris…

Cela part toujours des meilleures intentions. Comme Willy donne des cours de français aux exilés, un visiteur – un ami, pourtant – s'emballe :

– Si on faisait ça au niveau des banlieues, il y aurait peut-être moins de jeunes qui iraient en Syrie… On donnerait des possibilités à des gamins un peu perdus…

Cet ami développe sa vision du « Noir » : forcément de banlieue, évidemment sous-diplômé et potentiellement délinquant ou terroriste. Il ne se considère pas comme raciste, bien au contraire, il milite quotidiennement contre ce fléau.

L'humain me consterne souvent, si moche et si inadapté à notre belle planète. Petit, j'écoutais mes cousins chrétiens qui s'efforçaient de me convertir : « Dieu est Amour, il a créé l'Homme à son image… » L'homme est menteur, violent, guerrier, matérialiste et égoïste. Je préfère les chats ou les chiens, même si, à force de côtoyer l'homme, ils finissent par lui ressembler.

45.

Un passeur bien sapé

Septembre 2017 : nouvelle « surprise » concoctée par la PAF de Cannes. Un gendarme de Breil m'a convoqué avec Kamal, un des piliers du CCH, pour une affaire « sans importance ». Déjà familiers de ces appels anodins qui finissent en garde à vue, nous laissons nos téléphones en lieu sûr afin qu'ils ne soient pas saisis pour ne jamais être restitués – comme les cinq derniers. À la brigade, mon copain de la PAF au mollet tatoué nous reçoit avec cette punchline qu'il a dû préparer pendant des heures :

– On va enfin te baiser et te foutre en taule, te coffrer pour séquestration, menace de mort avec arme, violence aggravée en réunion, et peut-être bien pour attouchements sexuels sur mineurs.

Je réponds aimablement :

– Je suis très touché par votre fête surprise, mais je crains de ne pouvoir être des vôtres !

Ma petite blague fait un flop total. Le policier menace de me « péter la rondelle très prochainement », avant de nous informer de notre garde à vue – la septième de l'année pour moi, si mon compte est bon. Le teint des gendarmes de Breil, avec qui nous « travaillons » régulièrement via le protocole, oscille entre le jaune blême et le rouge écarlate. Ils doivent coopérer avec la PAF, qu'ils détestent – et c'est réciproque – en raison de méthodes diamétralement opposées. Imaginez les gendarmes de Saint-Tropez collaborant avec les policiers du film *Dobermann*… Ce serait comme mélanger du Marcel Pagnol et du Luc Besson.

Dénonciation et regret

Juste après mon arrestation à Cannes, un jeune Éthiopien était arrivé au camp, un passeur. Il montait pour la troisième fois chez nous, et Kamal avait identifié ses « clients ». Cet homme se servait manifestement du CCH pour opérer son trafic, se reposer, manger et se doucher avant de repartir à Vintimille pour remonter un groupe. Qu'il « convoie » des personnes, passe encore ; mais qu'il utilise le camp pour son petit business nous révoltait.

Quand Kamal découvrit qu'il cachait des téléphones dans des souches d'olivier, ce fut la goutte qui fit déborder le vase. Certains me proposèrent de le dénoncer ; je m'y opposai. Dilemme. Toujours sous surveillance policière, nous appréhendions des poursuites pour complicité si nous n'agissions pas. L'équipe du CCH vota, et l'appel à la gendarmerie l'emporta, contre mon avis.

– Gardez-le jusqu'à ce qu'on arrive, nous répondirent les fonctionnaires.

– Et comment fait-on pour le « garder » ?

– Ben, débrouillez-vous !

La journée passa sans nouvelles. À 18 heures, perdant patience, nous prétendîmes le conduire à la gare. Dans la voiture, l'odeur du mensonge se mêlait à celle de la peur. Quand il vit les uniformes, Waxaaley comprit le piège. Il nous jeta un regard désabusé. Nous baissâmes les yeux. La honte remplaça la colère et le dégoût.

Jugé en comparution immédiate, il contesta les faits, mais écopa de huit mois de prison ferme. J'essayai de me constituer partie civile afin de le ménager, mais le tribunal de Nice refusa. Je regrette amèrement notre acte. Nous aurions dû lui coller une gifle et le laisser filer.

« La véritable nature de Herrou »

Quelques mois après l'incarcération de Waxaaley, un policier de la PAF cannoise chargé d'enquêter sur mes actions lui rendit visite en prison. Il recueillit dans un procès-verbal ce qu'il présenta comme des « accusations graves et corroborées à certains points par la procédure gendarmesque ». Dans son rapport de l'automne 2019, l'enquêteur regretta que celles-ci « ne [trouvent] pas oreille auprès du TGI de Nice ». En clair, il déplorait l'inaction de la justice. Pour lui, Waxaaley était une « victime », et nous étions des coupables, coupables d'avoir « séquestré » ce « pauvre hère » durant dix heures. Le policier collait à ses accusations, qui, à ses yeux, « révélaient la véritable nature de Herrou ». « Si le personnage peut paraître pour quelques âmes généreux et bienveillant, il ne l'est qu'envers une certaine catégorie de gens », écrivait-il.

Les incohérences de Monsieur Waxaaley

– Vous l'avez violenté parce qu'il est chrétien, et comme tu es en faveur des musulmans, tu as inventé le fait qu'il soit passeur pour te venger de sa religion ! me balança le flic d'entrée.

Les policiers se trompaient. La religion n'avait aucune importance pour nous. Le passeur pouvait être musulman, catholique, hindouiste, athée, blanc, noir, jaune ou vert, je m'en fichais.

Dans la foulée, ils perquisitionnèrent le camping façon cow-boys. Ils lacérèrent des tentes à coups de couteau, brisèrent les feux arrière d'une caravane, jetèrent le portable de Willy dans la gamelle pleine d'eau du chien parce qu'il s'émouvait d'une telle violence. Nous avons dénoncé ces dégradations. Le procureur de Nice n'a jamais donné suite.

– Monsieur Waxaaley porte plainte pour séquestration et menaces de mort avec arme en bande organisée, détailla un agent de la PAF de Menton plutôt courtois, ce qui nous changeait. Il vous accuse d'attouchements sexuels sur les personnes en migration et sur mineurs. Selon Waxaaley, quatre mineurs dorment avec vous chaque nuit, vous pratiquez des fouilles à nu de chaque personne qui arrive, vous l'avez torturé avec un brûleur à gaz dans votre cave, vous l'avez frappé, menacé d'un pistolet et attaché nu à un arbre sur votre terrasse en plein soleil pendant plusieurs heures…

Cinq fonctionnaires avaient auditionné Waxaaley, dont les accusations variaient en gravité et en cohérence selon les interlocuteurs. Cela puait l'embrouille. Une confrontation s'imposait pour l'éclaircir.

– Allez, lève ton cul et suis-moi ! lâcha le flic en me sortant de ma cellule.

Impressionné par la gueulante des policiers, Kamal avait « reconnu les violences sur Waxaaley », selon un enquêteur. Qu'avait-il inventé pour leur échapper ? Tête baissée, il avait peur. Je lui lançai un clin d'œil pour le rassurer, et comme

Waxaaley, habillé de neuf, me paraissait trop pimpant pour un détenu, j'apostrophai mon avocat :

– Zia, tu penses que les flics lui ont aussi acheté un slip neuf ?

– Waxaaley dit qu'il était déjà habillé comme ça quand il était chez vous, protesta l'interprète.

Constatant la gêne de certains policiers, j'en rajoutai :

– Vous ne l'avez pas payé, au moins ?

Monsieur Waxaaley retira ses accusations d'attouchements sexuels et de menaces avec arme, mais maintint la séquestration et les violences. Kamal reconnaissait l'avoir bousculé ; je contestai et relevai les incohérences de notre accusateur :

– Il prétend que je l'ai torturé, attaché à un arbre. Puis qu'il a été torturé dans une cave. Selon une autre déposition, c'est dans la cuisine…

– Effectivement, ce n'est pas très clair, admit le policier.

– Monsieur Waxaaley dit qu'en fait vous l'avez interrogé dans la cuisine, puis frappé et menacé avec une arme dehors, rapporta l'interprète.

Il changeait une nouvelle fois de version.

– Je constate que l'arme est réapparue. Si la scène s'est passée sur ma terrasse, de nombreuses personnes pourraient témoigner.

Le policier m'interrompit :

– Les gens qui sont chez vous ne comptent pas, ils pourraient être vos complices.

– Je parle des gendarmes mobiles qui surveillent aux jumelles jour et nuit. Je demande leur audition.

Ma remarque porta, et on nous relâcha sans poursuites. Encore trente heures de garde à vue pour rien, sinon me mettre la pression et faire perdre son temps à tout le monde.

Les flics et la justice semblaient prêts à tout pour nous discréditer.

Je repense souvent à Monsieur Waxaaley. Les flics lui avaient-ils promis quelque chose en échange de sa plainte, des papiers ou une sortie de prison ?

46.

La déprime des shebabs

Dans la montagne, les cris nocturnes ont disparu, comme les faisceaux lumineux. Fin de la chasse à l'homme. Les gendarmes s'emmerdent.

– Il se passe rien, chef!

Ils scrutent le vide pendant des heures ou règlent leurs jumelles sur mes poules qui picorent des vers. Même Tchen, notre chienne, s'embête. Plus de gamins débarquant comme le vent sans prévenir, plus de regards étincelant du désir de vivre… La vallée retrouve le calme d'avant la tourmente. L'Europe a trouvé la solution : elle se bunkérise. Le flux reste bloqué au milieu des flots, noyé en Méditerranée ou refoulé vers la Libye. Loin des yeux, loin du cœur. Plus besoin de sévir à Vintimille, à Menton ou dans la Roya ; notre sous-préfecture paysanne perd de son attrait. Les miraculés qui touchent terre en Italie empruntent des routes moins risquées pour gagner le reste de l'Europe.

Cette quiétude mine le moral de nos « permanents », elle leur bouffe littéralement le cerveau. Tant que les shebabs s'activaient pour les autres, ils se portaient bien, souriants et optimistes. S'ils ne s'occupent que d'eux-mêmes, ils baissent les bras, les mauvais souvenirs les assaillent. Des psychologues, s'ils en consultaient, les déclareraient en état « post-traumatique ». Je ne suis pas psy et ne trouve aucun mot pour panser leurs maux.

La dépression collective me tire vers le bas. Du temps de l'hébergement d'urgence, c'était plus facile, même si nous étions débordés : ils venaient de franchir une étape, ils étaient heureux qu'on les respecte comme des êtres humains. Les shebabs qui ont choisi de s'arrêter gambergent. Seule solution : les occuper afin qu'ils se sentent utiles. Mais, comme ils sont demandeurs d'asile, la loi leur interdit de travailler. Si je les emploie au camp, je risque des poursuites judiciaires. Sûr que la justice ne me louperait pas.

Toute la journée, ils scrollent sur leur téléphone pour s'injecter leur dose de Facebook. Ce spectacle m'énerve et m'attriste. Ils ressemblent à des toxicos qui chauffent leur crack dans une feuille d'alu, le cerveau brûlé, comme lobotomisés. Qu'est devenu mon bataillon ?

Les cauchemars de Babakar

Les tortures subies au pays ou en Libye resurgissent. Je le vois quand les lèvres de Babakar blanchissent et tremblent. Son visage s'allonge comme si sa mâchoire inférieure se déboîtait, son teint évoque la mort. On dirait que le sang ne circule plus sous sa peau, elle gonfle. Des reflux gastriques provoquent des quintes de toux, sa tête pivote lentement de droite à gauche, comme s'il guettait l'arrivée d'un militaire tchadien ou d'un tortionnaire libyen. Le passé remonte par flashs : le désert, la guerre, la peur, la faim, la femme ou la sœur perdues. Babakar sent qu'il plonge, il tente de se raccrocher à la réalité.

– Je ne suis plus en Libye, mais en France. La preuve : Cédric est là, les journaux sont écrits en français, les militaires ne peuvent pas venir ici. Je ne dois plus avoir peur.

Ces secondes de lucidité ne durent pas. Sa conscience s'échappe. Il revit la scène libyenne, accroché par les pieds au plafond d'une cellule. Sa tête renversée oscille légèrement, le sang coule de sa bouche et glisse en filaments sur le sol, où il prend une couleur pourpre, presque noire, et éclabousse les chaussures de son tortionnaire. L'homme, excité par le spectacle de la souffrance, a le souffle court. Dominant, tout-puissant.

Tel un chat bienheureux, un groupe électrogène ronronne tout près. Deux fils en sortent, un rouge et un noir. Ils traversent les jambes de l'homme aux chaussures maculées, puis longent le sang coagulé et la flaque épaisse de salive pour remonter comme des serpents jusqu'à l'avant-bras de Babakar. Le fil noir plonge dans son cou, le rouge pénètre dans une entaille pratiquée au scalpel sur son avant-bras. Une pince métallique a été fixée à même le tendon à vif. Elle relie Babakar à l'animal qui ronronne.

Le tortionnaire actionne l'interrupteur, les électrons sont libérés. Le corps de Babakar se contracte sous le choc. Les spasmes durent de longues secondes, puis il se relâche, comme un torchon trempé gouttant sur le sol. Le silence revient, seulement troublé par les rires de l'homme, comblé et impatient. Dès que Babakar aura repris conscience, il recommencera.

Écroulements psychologiques

Les permanents ont été convoqués en préfecture. Le règlement Dublin a frappé: ils doivent retourner en Italie, seul pays autorisé à instruire leur demande d'asile. L'épreuve semble préméditée. Imposer à chacun un parcours semé d'embûches pour décourager ceux restés au pays. Le fameux « appel d'air » à éviter. « Ne tentez pas l'exil, c'est l'enfer. »

Que décider? Ils ne peuvent accepter ce retour en arrière. Ils préfèrent la France, quitte à devenir clandestins. Impossible de rester chez nous, ils seraient arrêtés. L'un atterrit à Nice dans une famille d'accueil, d'autres dans une communauté Emmaüs, avant de filer vers la Belgique, l'Allemagne ou l'Angleterre. Par bonheur, la plupart reviennent en France et décrochent le statut de réfugié. Fin du supplice? Hélas, non.

Certains perdent pied au moment où leur situation administrative s'arrange. La demande d'asile les tenait en haleine, et, d'un coup, un gouffre s'ouvre sous leurs pas. Construire sa nouvelle vie, redevenir un homme égal aux autres: des épreuves se présentent auxquelles ils ne sont pas préparés.

Les premiers signes du malaise ne sont parfois que de banals maux d'estomac ou des reflux gastriques, somatisations que la médecine générale peine à interpréter. Les soigner impliquerait de remonter loin dans leur vécu, de la traversée de l'Europe à celle de la Méditerranée, de la Libye au pays d'origine. Personne ne s'y attelle, ils restent prisonniers de leurs souffrances.

Le système est cruel, il fabrique des hommes et des femmes brisés. Pourtant, nos gouvernements leur ordonnent: « Maintenant, intégrez-vous ! »

S'intégrer à quoi ? Au tutoiement de la police et des agents de la préfecture ? Aux tentes Quechua posées sur le froid pavé parisien ou dans les bois humides de Calais, avec jets de lacrymo en guise de réveil ? Au travail dissimulé à vingt euros la journée ? Même avec des papiers, beaucoup ne trouvent ni logement, ni travail, et continuent de survivre dans la rue. Pire pour les déboutés de l'asile, les « sans-papiers », condamnés à errer dans l'abandon, la précarité, la misère.

En coulisses, des agents préfectoraux reconnaissent que la situation « n'est pas bénéfique pour la France » : « Si nous étions pragmatiques, non pas par humanisme, mais pour la sauvegarde de l'ordre public, nous les régulariserions tous. Mais alors nous aurions l'extrême droite au pouvoir dès les prochaines élections ! » Ils croient ainsi évacuer le problème. Celui-ci persiste.

47.

Ismaël, ou l'enfer libyen

Ismaël est esclave en Libye, il creuse la nuit des routes goudronnées. Il en extrait de gros câbles électriques qu'il brûle pour ôter la gaine. Des Libyens récupèrent le cuivre et le revendent au marché noir. Un soir, accablé par la fatigue et la chaleur, il prend une pause. Tout près, les habitants d'un camp improvisé lui proposent de partager leur dîner. Ismaël accepte. Un peu d'humanité, si rare dans ce pays où les Noirs sont considérés comme des chèvres et parqués comme des troupeaux. Les Africains de l'Ouest, comme lui, subissent des tortures ; les Africains de l'Est sont pris en otages, et leurs familles rançonnées. Beaucoup meurent dans l'anonymat ; les autres survivent au prix d'humiliations quotidiennes, voire pire.

Comme Ismaël, ils étaient étudiants, paysans ou pharmaciens, avaient une famille et des projets plein la tête, quand la guerre, la dictature ou la misère les ont jetés sur les routes, sans qu'ils sachent où cette errance les mènerait. Arrivés dans le désert, ils ont compris ce que valait leur vie : plus rien. Le litre d'eau y est plus précieux que le litre de sang.

Alors, ils s'accrochent. Chaque jour de vie supplémentaire représente une victoire. Mais elle a un prix.

Le repas que Ismaël a partagé est contraire aux règles. Quand son chef libyen l'apprend, il incendie les baraquements en guise de représailles. Ismaël s'en veut, persuadé qu'il en est responsable. Un autre Libyen qui trouve cet acte ignoble tire une balle dans la tête du chef incendiaire. Ismaël assiste bouche bée à cette « justice » digne du Far West, puis se remet à son labeur. Interdiction de s'arrêter, même quand son meilleur ami tombe d'un toit durant des travaux forcés et que son corps est jeté à la rivière, sans funérailles ni recueillement.

Chavirage

Après deux ans de ce cauchemar, il sait que, s'il veut s'en sortir, il doit traverser la Méditerranée. Comme il manque d'argent pour payer les passeurs, il se jette à l'eau, priant un dieu en qui il ne croit plus depuis longtemps. Miracle, un bateau gonflable surgit de la nuit épaisse et le repêche. À bord, il reconnaît ses sauveurs, qui viennent du camp incendié.

Il peine à trouver sa place sur le frêle esquif. Deux cents personnes y sont entassées dans des vapeurs d'essence. Peu savent nager. Ceux qui ont un dieu prient, les autres commencent à croire et prient à leur tour. La barque garde le cap au large, le clapot rythme les prières, qui forment comme un écho sur les lèvres. Le moteur crachote et s'éteint. Plus d'essence. Le silence d'un coup s'impose.

La barque dérive. Au large, des bateaux détournent le regard sans honte et disparaissent à l'horizon. L'espoir à bord se réduit à une chimère, quand un navire orange et blanc s'avance enfin et jette ses annexes à l'eau. Un haut-parleur donne des consignes en arabe, Ismaël ne parle pas l'arabe, puis en anglais, Ismaël ne parle pas l'anglais. Il entend enfin du français, son unique langue, celle qu'il a apprise tout petit. Des gilets de sauvetage sont jetés.

Sans attendre, certains sautent pour être les premiers sauvés. Dans ces instants, seul l'instinct commande, et il a tort. Déséquilibrée par leurs mouvements, l'embarcation tangue, gîte et se retourne. Les infortunés s'éparpillent en hurlant dans les vagues. Les plus musclés, aux os lourds, coulent les premiers, les autres s'agrippent à une main tendue, à un corps qui flotte, à un gilet orange. Par chance, peu se noient.

Ismaël arrive en Italie. On l'y traite comme un paquet. Deux ans sans papiers, car l'administration est submergée. Il ne se plaint pas, soulagé d'être toujours en vie. Main-d'œuvre corvéable et bon marché, il passe de camp en camp, de champs en champs. Toujours mieux que la Libye, se dit-il quand il s'endort : au moins, il ne risque plus la mort. Sauf que Matteo Salvini, le leader d'extrême droite devenu ministre de l'Intérieur, ferme les camps d'accueil. Dans les rues, l'ambiance change, les Noirs sont insultés, indésirables à nouveau. Seule solution, reprendre l'errance. Ismaël entre en France par les montagnes de Briançon, puis descend vers la Roya. Il trouve la paix chez nous.

La mer étouffe tout

Deux ans après son sauvetage en mer, l'Europe interdit aux bateaux de secours d'opérer en Méditerranée. Les rares qui insistent sont bannis des ports italiens ; ils errent en mer pendant des jours avec leur cargaison d'exilés, sans havre où les débarquer. L'Europe préfère la mort à l'accueil. C'est bien joué, car plus personne n'arrive au CCH. Chez nous, on aurait humanisé ces flux, donné un prénom et un sourire, réussi à conquérir des droits. La mer étouffe tout.

Depuis que des hommes comme Ismaël me content les affres de leur traversée, toi, ma mer Méditerranée, tu prends le sale goût du sang, de la terreur et du malheur. Tes vagues ne me bercent plus sans que je songe aux dizaines de milliers de cœurs qui s'y sont éteints. Te voilà suspectée de crimes contre l'humanité, mais je défends ton innocence : tu n'es ni complice, ni coupable, juste témoin de l'indifférence. Ton rôle est de nourrir les hommes, pas de les avaler. Les responsables sont ceux qui pourchassent la « mauvaise » couleur de peau.

48.

La fraternité consacrée

– Le Conseil constit' a consacré la fraternité comme principe constitutionnel ! C'est génial, une date historique ! T'auras ton nom dans tous les livres de droit !

Serge Slama est ému et exalté quand il me téléphone. Professeur d'université très calé en droit des étrangers, il s'effraye souvent de mes stratégies farfelues d'éleveur de poules. Pas cette fois-ci. L'énormité de la nouvelle le met au bord des larmes.

« Il découle du principe de fraternité la liberté d'aider autrui, dans un but humanitaire, sans considération de la régularité de son séjour sur le territoire national », ont édicté les Sages en ce 6 juillet 2018.

Même si le délit de solidarité n'est pas abrogé, juste assoupli, l'immunité est confortée, et la liberté d'aider renforcée. L'air s'annonce déjà brûlant en ce début d'après-midi, j'attends non sans impatience l'apéro du soir. Je suis curieusement calme. Sans doute que je ne me rends pas encore compte du gigantesque pied de nez adressé à tous ceux, si nombreux et hostiles, qui me pourchassent. Sur mon portable, *Le Point* titre : « Cédric Herrou, l'homme par qui la fraternité est entrée dans la Constitution ».

Les juges soulignent que la devise de la République constitue un « idéal commun » auquel la loi doit se référer. Comment ne pas me remémorer les innombrables épreuves, camouflets, injustices insupportables, injures et menaces subis depuis des années ? Pendant des mois, mon sommeil s'est borné à trois courtes heures par nuit. J'ai été traité comme un terroriste ou un gros mafieux, alors que je défendais simplement les principes de notre République.

Bientôt, les étudiants en droit découvriront mon nom dans leurs annales, tout comme les magistrats qui m'ont condamné. Un « bac moins quatre » change le droit constitutionnel. Je reste pourtant un simple citoyen. Mon revenu ? La moitié du SMIC. Ma bagnole ? Déglinguée, vingt ans dépassés. Mon palace ? Trente mètres carrés mal isolés.

Le gouvernement et l'État, portés par une idéologie anti-immigrationniste, empêchent les citoyens d'agir selon la devise nationale. Le Conseil constitutionnel vient de rappeler que les lois ne doivent pas bafouer les fondamentaux de la République française. La migration ne pouvant être considérée comme un trouble à l'ordre public, il n'est pas possible d'entraver la liberté d'aider. Une devise implique aussi des devoirs.

La France, pays d'égoïstes ? Bien sûr que non ! La présentation du film *Libre*, consacré à notre action a révélé dans près de quatre-vingt-dix villes un réseau de solidarité insoupçonné et trop discret. D'une certaine manière, le Conseil constitutionnel lui rend directement hommage. Tout comme au peuple de la Roya, qui s'est levé pour réveiller notre devise banalisée.

49.

L'invention d'une « contrepartie militante »

– Je ne comprends pas ce délit de solidarité. Ne met-il pas en cause la « fraternité » dans votre devise ? avait lancé un journaliste d'Amérique latine à Zia en janvier 2017.

La presse étrangère était perplexe : comment le « pays des droits de l'homme » pouvait-il entraver la liberté d'être fraternel ? Ces deux interrogations mirent la puce à l'oreille de mon avocat. Avec ses confrères Patrice Spinosi et Nicolas Hervieu, ils élaborèrent deux questions prioritaires de constitutionnalité (QPC) qui aboutirent à la décision du Conseil de juillet 2018. Un laborieux processus, décourageant parfois, énervant souvent, tant la justice se montra hostile pendant trois ans et demi. Et tant elle s'obstine encore aujourd'hui à me chercher des noises en inventant le concept de « contrepartie militante ».

Selon le raisonnement du parquet, nous retirerions un avantage politique de nos actions, car elles permettraient de faire avancer nos combats. C'est ce qui constitue une « contrepartie militante », nous empêchant de bénéficier de l'immunité. Pourtant, cette notion n'existe pas dans la loi. Celle-ci définit simplement une contrepartie directe ou indirecte empêchant l'immunité. « Directe », c'est un gain financier ; « indirecte », du travail imposé. La logique est évidente : on ne cible que les passeurs qui se gavent ou exploitent. « D'un côté, l'assistance rémunérée, les actes des passeurs. D'un autre, l'assistance désintéressée, celle des indignés, des militants, des engagés, pour laquelle il ne peut y avoir d'ambiguïté : aucune poursuite pénale ne peut être engagée », avait détaillé Me Spinosi.

Rien dans la loi sur la « contrepartie militante ». Inventée par les magistrats du parquet, elle crée de fait une justice à deux vitesses. Si j'aide par hasard, je suis protégé. Si j'aide par engagement, je suis condamné. Ou, exposé autrement : le citoyen comme moi qui ouvre sa gueule est coupable, celui qui la ferme est absous. Comment soutenir pareille distinction quand la fraternité « peut indifféremment être militante ou occasionnelle », relevait Me Spinosi ?

Toi, misérable paysan…

L'acte un, en février 2017, avait amorcé un démarrage en douceur. J'écopais en première instance d'une peine légère, trois mille euros d'amende avec sursis. Tout en me déclarant coupable pour les passages d'exilés depuis Vintimille, le tribunal correctionnel de Nice prononçait à mon égard des paroles réconfortantes. Il jugeait même légitimes mon action d'hébergement et le squat des Lucioles : face à la situation « d'indignité et de détresse » des exilés, « il ne saurait être reproché à quiconque de les avoir recueillis, nourris, logés, écoutés et entourés afin de les restaurer dans leur dignité ». Presque un encouragement.

Le parquet ne l'entendit pas de cette oreille. Sanction trop légère ! Il interjeta appel. L'acte deux, en juin 2017, me fut moins favorable. Je me souviens que le président de la cour d'appel d'Aix-en-Provence me posa d'emblée une curieuse question qui me déstabilisa un instant :

– Vous vivez seul ?

Était-il sérieux ? Dans la salle, mes soutiens pouffèrent. J'hébergeais chez moi des centaines de personnes, la cour d'appel me jugeait pour cela… Ma posture revendiquée de « coupable innocent » jetait le trouble dans l'esprit du magistrat.

– Vous ne contestez pas l'infraction, mais vous demandez la relaxe ?!

Selon moi, c'était tout à fait compatible :

– Si on est arrêté au feu rouge et qu'une ambulance arrive derrière nous, on brûle le feu.

Ma comparaison déplut à l'avocat général :

– Pour qui vous prenez-vous pour vous immiscer dans la gestion migratoire du préfet des Alpes-Maritimes ? hurla-t-il en requérant huit mois de prison avec sursis.

« Passeur humanitaire », je ne pouvais à ses yeux bénéficier de l'immunité légale. Il me reprochait de ne pas avoir identifié « personne par personne » les situations « de détresse et d'indignité ». Quelle absurdité… C'est à l'accusation de matérialiser l'infraction en apportant des preuves, et non au prévenu. Aucun exilé n'avait été contrôlé aux Lucioles, et rien ne démontrait leur situation irrégulière, sauf ce « racisme d'État » que je dénonçais. Encore une fois, on marchait sur la tête. Des relents de « lutte des classes » flottaient au-dessus de l'audience, comme si la justice me lançait : « Toi, misérable paysan qui ne connais ni carrière, ni fortune, ni pouvoir, ta parole n'a aucune légitimité. »

« Peine d'avertissement »

En août 2017, la cour d'appel rejeta encore l'immunité et aggrava ma sanction, la portant à quatre mois de prison avec sursis. « Une peine d'avertissement », selon le président. Mon aide s'inscrivait « dans une contestation globale de la loi », elle servait « une cause militante qui ne répond[ait] pas à une situation de détresse », jugeait la cour.

J'étais abasourdi. Comment leur expliquer que mon aide n'a rien de révolutionnaire ? Quand je sollicite l'enregistrement des demandes d'asile et la prise en charge des mineurs isolés, je ne prétends pas chambouler l'ordre établi, juste dénoncer les failles de l'État. Comme un lanceur d'alerte cherchant à améliorer le système, pas à le dynamiter. Où est la démocratie quand le pouvoir considère ses contradicteurs comme une bande d'abrutis illégitimes ?

Si l'immigration venait du nord de l'Europe, si les petits Mohamed de seize ans étaient blonds aux yeux bleus, la justice n'agirait pas comme ça. J'étais furax, non parce qu'on s'acharnait sur moi, mais parce qu'on oubliait les fondamentaux de la France. Je me rappelle avoir clamé à la sortie :

– C'est une politique d'extrême droite, j'interpelle Monsieur Macron, il faut qu'il se positionne là-dessus !

Comment effacer les quinze personnes mortes en tentant de franchir la frontière ? Comment oublier que l'aide sociale à l'enfance me demandait de garder les mineurs isolés le temps qu'elle puisse les récupérer ? « Certains restent pendant plusieurs semaines, avait expliqué ma mère dans les colonnes de *L'Humanité*. [Cédric] les nourrit, les loge, les soigne. Il faut voir dans quel état ils arrivent. Certains ont été torturés. Et le procureur le fait condamner en appel. C'est incompréhensible ! » Elle ajoutait : « Bien sûr que Cédric fait un acte politique. Au sens le plus noble du terme. »

L'enchaînement de ces procès me plongeait de plus en plus dans le doute. Pourquoi chercher une immunité humanitaire ? C'était admettre que nos actions étaient illégales, mais que le contexte les excusait. Comment une loi peut-elle jouir d'une « immunité humanitaire » ? N'est-ce pas admettre qu'elle est inhumaine ?

Le ministère public bafouait le droit international, la convention de Genève et les accords de Schengen en amalgamant demandeurs d'asile et étrangers en situation irrégulière. J'avais l'impression d'accepter ma culpabilité et de chercher une exonération de peine, alors que, au fond de moi, j'étais convaincu que l'État était responsable d'actes de maltraitance. Après ce procès, je décidai de ne plus me cacher derrière cette immunité. Mes actions étaient légales. Elles répondaient aux illégalités de l'État, motivées par son racisme.

50.

Un « harcèlement juridique »

Les quatre exilés débarquent d'Italie le 25 juin 2017 dans la petite gare de Fontan, l'une des premières après la frontière. Perdus, déboussolés, ils n'ont en poche que les numéros de téléphone de Georges et Suzel, ces membres de Roya citoyenne qui ont l'habitude d'aider, comme tous ces anonymes pour qui l'inaction s'apparente à de la non-assistance à personne en danger. Alertés, ces derniers demandent à leur fils Raphaël de conduire les quatre hommes chez moi, seul abri sûr.

À dix-neuf ans, Raphaël Faye n'a rien d'un militant, il donne juste un coup de main et pense être dans les clous : il convoie à titre « humanitaire » et sans traverser de frontière. Pas de chance. Sur le chemin, un barrage. Avec quatre Noirs à bord, sa voiture est immédiatement ciblée. Les gendarmes croient-ils détecter une filière ? Raphaël part en garde à vue, la mécanique implacable se met en branle. Le parquet le poursuit, le tribunal le condamne. Trois mois avec sursis, réduits à deux en appel. Toujours cette fichue « contrepartie militante ».

Reste le maigre espoir de la cassation. Le 26 février 2020, les juges suprêmes annulent sa condamnation. Une « action non spontanée et militante exercée au sein d'une association » n'empêche pas l'immunité, assure la Cour de cassation. Intégrant le principe de fraternité consacré par le Conseil constitutionnel, elle précise le périmètre légal : si l'aide vise à soustraire les exilés à des contrôles de police, elle reste punissable. Sinon, elle est légale. « Le ministère de l'Intérieur se voit définitivement privé des armes de la procédure pénale (perquisitions, gardes à vue, poursuites) pour intimider les membres d'associations qui aident », veut alors croire Me Spinosi.

« C'est peut-être con et vieux jeu de dire ça ? »

Cette avancée semble de bon augure quelques jours avant l'acte trois de mon périple judiciaire. Après Nice, Aix et Paris, l'affaire des Lucioles est renvoyée devant la cour d'appel de Lyon, ma condamnation ayant été partiellement cassée après l'arrêt constitutionnel sur la fraternité. Rien à espérer de l'avocat général, qui requiert huit à dix mois de prison avec sursis en me traitant de « hors-la-loi qui a fait le choix de la délinquance », de « leader » à la poursuite d'un « but idéologique et politique ». J'en ai plus que marre de ces étiquettes.

– La justice ne comprend pas qu'on peut aider pour rien. C'est peut-être con et vieux jeu de dire ça ?

– Cédric Herrou n'a qu'une idéologie : que les droits soient respectés par l'État ! C'est ça, être hors la loi ? martèle mon avocate Sabrina Goldman.

Mieux disposé à mon égard, le président me pousse à déclarer mes actions comme exclusivement « humanitaires », afin de bénéficier de l'immunité. J'hésite. Comme elles répondent également aux actes illégaux de l'État, je lui demande ce que signifie pour lui cet « exclusivement humanitaire ».

– Monsieur Herrou, je n'ai pas écrit cette loi, mon rôle n'est pas de la juger, mais de l'appliquer.

Autrement dit : encore un texte écrit par des enculeurs de mouche. La mouche, c'est vous. Si vous ne voulez pas finir en taule, dites simplement : « Oui, c'est exclusivement dans un cadre humanitaire. »

Fin de la « contrepartie militante »

Mai 2020. La cour d'appel m'a entendu. Relaxe. « Le devoir de fraternité s'est exercé [...] sans recherche de bénéfices secondaires », argumentent les magistrats, rappelant « la liberté constitutionnelle de penser et exprimer ses opinions ».

La cour taille en pièces le concept de « contrepartie militante ». Oui, on peut aider et le revendiquer sans être coupable. Sabrina Goldman exulte face à ce « triomphe de la raison et du droit » acquis de haute lutte. Surtout que les juges acquiescent à tous nos arguments. Ainsi, l'irrégularité des exilés accueillis aux Lucioles n'est pas avérée. « Aucune constatation matérielle des faits n'est versée à la procédure. Aucune des personnes entendues n'en a été le témoin », regrettent-ils.

Cela sonne comme un nouveau camouflet. Conformément à leur habitude, les flics n'ont pas fait leur boulot, on le répète depuis octobre 2016 ! Enfin, la justice nous écoute. Pour moi, la boucle est bouclée. Depuis le début, j'ai besoin que l'on nous dise si nos actions sont justes. Les procès nous ont permis de les expliquer et d'inviter les institutions à réfléchir aux leurs. En confirmant que tout est légal, la cour d'appel envoie une torpille à l'État : si j'étais innocent en combattant ses actes, c'est que les siens étaient illégaux.

C'en est trop pour le parquet général, qui se pourvoit en cassation. Je repars pour un tour dans l'acharnement circus. « Harcèlement juridique », dénonce l'Observatoire pour la protection des défenseurs des droits de l'homme.

Je me dis que tout serait bien plus simple si l'on avait écouté ce décideur politique qui, le 25 juillet 2012, proposait de « mettre fin » au délit de solidarité. « Notre loi ne saurait punir ceux qui, en toute bonne foi, veulent tendre une main secourable », expliquait-il devant la commission des lois du Sénat.

L'identité de ce dangereux gauchiste ? Manuel Valls, ministre de l'Intérieur.

51.

Libre, le film

Michel Toesca est un ami de longue date, réalisateur de films. Il ne sait pas faire grand-chose, mais, dans ce pas « grand-chose », on trouve de succulentes pâtes à la sicilienne, une attention et une dévotion fidèles à ses amis, le goût du bon vin, de l'alcool de poire et des petits plaisirs de la vie, comme s'il les dégustait pour la première ou la dernière fois. Michel est un type presque normal, mais un peu anormal, car il ne fait pas des films comme tout le monde. L'univers des réalisateurs est codé, protocolaire. Michel, lui, se fout des codes et du protocole, ce qui fait de lui un homme pas très fortuné.

En 2013, Michel avait réalisé un documentaire sur l'exercice périlleux de la démocratie dans la Roya, *Démocratie Zéro6*, à propos d'un référendum local empêché par les autorités. En 2016, je l'aperçus furtivement à Vintimille, dans l'église de Don Rito. Il s'intéressait aux réfugiés et cherchait des « aidants » de la vallée pour filmer leurs actions. La plupart, comme moi, préféraient alors la discrétion. Mais je finis par lui ouvrir ma porte.

Caméra embarquée

Michel Toesca arriva au camp en même temps qu'Adam Nossiter, du *New York Times*. J'appréciai aussitôt sa manière de laisser aller sa caméra, sa façon pudique de filmer, sans idée préconçue. Michel butine les instants de vie et les destins qui s'entrelacent, ses films se construisent ainsi – se déroulent, plutôt, presque à son insu. J'aime le voir débouler sur nos actions avec sa caméra toute pourrie que les flics prennent à tort pour un joujou bidon, tout juste bon à filmer une kermesse d'école. Michel est devenu la caméra embarquée de notre histoire, comme un pilier auquel m'appuyer quand je perdais pied. Le soir, dans le joyeux foutoir de sa cave-studio, je scrutais ses « rushes » – six cents heures d'images ! – autour d'une bonne bouteille, jusqu'à ce que mes paupières se ferment de fatigue.

Libre, le film, est sorti en septembre 2018. Le titre n'était pas une anagramme de Breil, comme certains l'ont cru : nous n'avions pas poussé la réflexion aussi loin. Quatre-vingt mille personnes l'ont vu en France et des milliers d'autres en Italie, en Allemagne, dans les universités américaines, en Espagne. Michel, le petit bricoleur du cinéma, a tracé son chemin.

Au festival de Cannes

– Cédric ! Cédric ! On va monter les marches !

Surexcité, Michel piaillait dans son téléphone. *Libre* venait d'être sélectionné à Cannes. J'étais sur le cul. Comment le plus prestigieux festival du monde pouvait-il retenir un film aussi artisanal ? Il figurait dans la sélection officielle 2018 en séance spéciale, hors compétition. Un cadre habituellement réservé aux superstars comme Wim Wenders. Un tremplin extraordinaire.

Si séduisante fût-elle, l'invitation me laissa perplexe, à la fois heureux et peu enclin à l'honorer, tant les manifestations ostentatoires ne me disent rien qui vaille. Mais le simple fait d'imaginer Éric Ciotti nous regardant monter les marches me décida. Pourtant, des obstacles s'annonçaient : le préfet et le ministère exigeaient le retrait de *Libre*. Ils voyaient d'un mauvais œil cette mise en lumière et craignaient un coup d'éclat de notre part.

Ils réussirent à invoquer une raison officielle : Jour2Fête, le distributeur (qui s'était aussi occupé du film *Merci patron !*, de François Ruffin), avait organisé à Paris une avant-première pour les journalistes, pratique courante, mais prohibée par le règlement du festival de Cannes. Inflexible, son délégué général, Thierry Frémaux, maintint son invitation. « On peut se demander si le préfet des Alpes-Maritimes, Georges-François Leclerc, plusieurs fois condamné pour violation du droit d'asile, se risquera à enfiler son plus beau smoking pour assister à la première de *Libre* », ironisa le journal *Libération*.

Déjà, l'année précédente, il y avait eu des étincelles quand Frémaux nous avait invités une première fois. Nous l'avions sollicité par désespoir : la tension à la maison, avec d'importantes arrivées de réfugiés, était extrême. Comme le festival démarrait, le producteur en glissa un mot au délégué général, qui décida de nous y convier. Sitôt la nouvelle ébruitée, le préfet tenta de s'y opposer. Thierry Frémaux ne céda pas, malgré des négociations serrées. Nous devions arriver à pied, et non en voiture officielle, notre venue ne serait pas annoncée, nous resterions dans l'ombre.

Comme nous montions les marches avec quatre réfugiés, les haut-parleurs diffusèrent « Douce France », de Charles Trénet. Belle coïncidence ! Nul sur la Croisette ne se doutait que, la nuit précédente, nous avions accompagné une centaine d'exilés sur les marches du palais de justice de Nice pour alerter sur leur sort. Sauf un policier, qui s'interposa :

– Hé, c'est Cédric Herrou, il n'a pas le droit !

– T'inquiète, il est invité, souffla une gradée.

Sur les marches

Rendez-vous à vingt personnes dans la chambre de Michel, au Carlton (payée par le festival), pour nous préparer. Nous avons enrôlé une sacrée clique : mon frère, des amis et des soutiens, des exilés, des personnages du film. À l'entrée de l'hôtel, des vigiles se ruent sur moi. Ça y est, je vais me faire virer ! Fausse alerte. Ils me sourient de toutes leurs dents.

– Merci de ce que tu fais, on est avec toi, frère !

On se retrouve tous débraillés dans la chambre. Le grand troc : chaussures de montagne contre smoking, t-shirt troué contre robe de soirée. Avec un grand sourire, Morgan ouvre une bouteille de poire. Nous buvons la gorgée de l'amitié, de la solidarité, de la victoire et de l'intégrité. Elle symbolise l'incorruptibilité au milieu de tout ce fric, de toute cette frime et de toute cette détresse morale. Nous savons que nous avons choisi notre mode de vie non par défaut, mais en conscience. Notre pauvreté matérielle est notre richesse. Nous avons tout ce que nous désirons : ce « tout » est au plus profond de nous, insaisissable, impalpable, inviolable. Nous sommes milliardaires de liberté.

Des voitures officielles nous attendent, direction le Palais des congrès. Lente remontée de la Croisette, arrêt au contrôle de sécurité. Des vigiles s'approchent, des policiers les repoussent.

– Hé oh! C'est à nous de contrôler! protestent les premiers.

– Eux, non, c'est nous qui nous en chargeons, rétorquent les seconds.

Ça pue la consigne préfectorale: traquez-les jusqu'au bout. Autour des marches, tous les badauds ont les yeux rivés sur Cate Blanchett, la présidente du jury, qui a la bonne idée de monter derrière nous. Seuls à nous mater, des hommes en civil, talkie-walkie en main. Les autorités craignent toujours un happening, voire pire. Et si je hurlais: « Dieu est grand » avant d'exploser tripes et boyaux sur le tapis rouge sang?

Non, pas de panique, nous ne brandissons ni armes, ni banderoles, ni peintures de guerre. Même si l'idée de revêtir des gilets de sauvetage sur nos smokings pour rappeler les noyades d'exilés en Méditerranée nous a effleurés.

Standing ovation

À la projection officielle, nous sommes excités comme des gosses. Nous avons déjà vu *Libre* des dizaines de fois; pourtant, une émotion nouvelle nous envahit. Elle explose avec la standing ovation, qui dure plusieurs minutes. Galvanisé, je me lance dans une impro sans micro.

– Une pensée aux personnes migrantes qui ont demandé l'asile ce matin et qui se sont fait refouler par le préfet des Alpes-Maritimes. Une pensée aux enfants morts à la frontière franco-italienne, à côté de Cannes, refoulés illégalement par le préfet, co-responsable de la mort d'enfants, ici, sur le territoire français.

Voilà ce qu'on appelle une intervention « hors cadre ». On me la reprochera, sur l'air de : « Ça ne se fait pas au festival. »

– Notre devise, « Liberté, Égalité, Fraternité », quelle que soit notre provenance, notre religion, notre couleur de peau, c'est important de la défendre tous les jours, dis-je encore. Parce qu'elle est là et qu'elle est fragile, et qu'elle a besoin de nous, de vous. Elle a besoin qu'on la fasse vivre, qu'elle danse, qu'elle chante, et qu'elle crie à la liberté. Il y a des fois où elle pleure, mais il faut qu'elle vive.

Le film obtint la « mention spéciale » de L'Œil d'or, un prix qui récompense les documentaires.

52.

Emmaüs Roya

À l'été 2018, le CCH a radicalement changé d'ambiance. Très peu de shebabs arrivent par les sentiers, les demandeurs d'asile qui vivent chez nous viennent de Nice ou des environs. Ils dormaient à la rue, et des militants au grand cœur, pensant leur proposer une alternative géniale, les ont conduits dans la vallée. Mais ils sont chez nous malgré eux, tirés de sous les ponts et projetés dans ma campagne sans savoir où ils débarquent. Certes, ils ont retrouvé un semblant de confort, mais la décision ne vient pas d'eux. Difficile alors de s'impliquer.

– Comment pourrais-je avoir envie d'aider les autres ? Je n'ai même pas de jean neuf pour me changer ! nous avait lancé un de nos hôtes quand on reprochait au groupe de manquer de motivation.

C'étaient de jeunes Érythréens devenus irresponsables et inactifs, incapables de communiquer, sauf pour accéder au wifi, leur seule revendication. Ils ne s'intéressaient ni à l'agriculture ni aux cabanes que nous construisions pour leurs successeurs. Planter des graines et voir pousser le piment ou le basilic, pester quand les fraises ou les tomates n'ont pas donné, savoir à quelle profondeur labourer, ne pas oublier de « fumer » les courgettes, empêcher le renard d'attaquer les poules, comprendre le jeu du soleil et de la pluie, ramasser des œufs chaque matin… Ces actes simples redonnent un sens à l'existence. Mais ils n'étaient pas en mesure de le comprendre, tracassés par leurs problèmes personnels. Il aurait été trop facile de les traiter de fainéants, car c'était notre manière d'accueillir qui avait favorisé cette situation. Faute d'activité, le camp humanitaire infantilisait l'individu en le rendant amorphe et dépendant.

Ces jeunes avaient pris la tangente quand, à l'hiver 2018, j'attaquai la récolte des olives avec mon frère. Surprise : outre les bénévoles, les demandeurs d'asile encore présents mirent la main à la pâte. Lâchant leurs écrans pour les gaules et saisis par l'énergie paysanne, ils chantonnaient en ramassant les filets d'olives, l'esprit léger et le sourire aux lèvres. Les portes de leurs caravanes ne claquaient plus en pleine nuit, car ils avaient retrouvé le sommeil. Les pieds sur terre, la tête hors des soucis. Nous étions éberlués par cette transformation radicale.

Une dynamique se créait, mais elle nous fragilisait. En cas de contrôle, je risquais des ennuis judiciaires pour travail dissimulé. Je savais que les demandeurs d'asile étaient prisonniers de leur passé et qu'ils s'inquiétaient pour leur avenir. Ils avaient besoin d'un ancrage dans le présent ; l'agriculture le leur offrait. Le remède demeurait virtuel tant qu'ils n'avaient pas le droit d'exercer une activité. Comment briser ce verrou ? Il était temps de construire un avenir au CCH.

Un statut légal

Une brocante gérée par d'anciens « clodos » : c'était cela, pour nous, la définition d'Emmaüs. À force d'en croiser des membres, nous découvrîmes un mouvement beaucoup plus ambitieux, très éloigné de cette caricature. Emmaüs dénonce, se bat pour que les lois évoluent, accueille des sans-abri et agit, sans l'aspect triste et aigri de certains militants. Comme nous. L'abbé Pierre était un sacré punk, comme nous, même si nul n'ose se comparer à lui. Pendant près de soixante ans, Emmaüs a fonctionné à l'arrache, comme nous pendant deux ans.

En réalité, Emmaüs France est une fédération de structures. Les communautés Emmaüs sont des associations de loi 1901 « classiques », sauf qu'elles bénéficient d'un agrément d'État intitulé OACAS (Organisme d'Accueil Communautaire et d'Activités Solidaires). Grâce à ce statut, les cent dix-neuf communautés assurent une protection aux compagnes et compagnons. Logés, nourris, blanchis et accompagnés socialement, ils reçoivent un petit pécule mensuel (trois cent soixante euros) et cotisent à l'Urssaf pour être couverts en cas d'accident du travail ainsi que pour la retraite. Ils restent libres de partir quand ça leur chante.

Cela ressemblait fort à ce que nous cherchions. Nous n'étions pas rebutés par le cadre rigoureux de l'organisation, qui paraît rude à certains observateurs. Car même si les plus fragiles y restent protégés, Emmaüs n'offre pas une simple bouée de sauvetage, plutôt une barque où chacun doit pagayer. Sa devise le résume bien : « Ne pas subir, toujours agir. » Le mouvement combat la notion même d'exclusion par le refus de l'assistanat. Panser les blessures du système capitaliste ne suffit pas, l'objectif est de remplacer ce système. La lutte des classes reste au cœur du projet. Cela nous convient tout autant que le principe d'« insurrection de la justice ».

« Pour venir en aide à un humain sans toit, sans pain, sans soin, il faut savoir braver les lois », disait l'abbé Pierre.

« Viens m'aider à aider ! »

En mars 2019, nous frappâmes à la porte du mouvement.

– On arrive au point où Emmaüs se situait il y a des décennies, expliquai-je. On est là pour profiter de ce que vous avez créé. Nous n'avons pas d'autre choix !

Je jouai franc jeu. Quitte ou double. Tant pis si Emmaüs nous rejetait, j'étais décidé à partager mon activité avec les gars, qui ne pouvaient plus glander sans péter un plomb. Mais je les prévins : cela nous apporterait de nouveaux ennuis judiciaires et administratifs.

Ma présentation aux allures de chantage provoqua un silence glacial. Avais-je poussé le bouchon trop loin ? Une voix brisa le silence :

– Au moins, vous avez du franc-parler. Chez Emmaüs, c'est une règle qui a du sens !

Emmaüs accepta notre entrée en probation le 4 juillet 2019. Tournant historique. Autrefois poursuivis par des flics sur les sentiers de montagne, les gars pouvaient désormais planter en toute légalité des fraises et des poivrons qui nourriraient des Français. Nous étions heureux et fiers de créer la première communauté agricole. Sept cabanes, sept compagnons aux nationalités mélangées, avec ou sans papiers : Emmaüs Roya démarrait petit. En réalité, cela faisait déjà longtemps que nous formions une communauté sans le savoir, avec nos hébergés qui passaient derrière les fourneaux pour s'occuper des nouveaux arrivants, histoire d'éviter l'assistanat et d'entendre ces mots réconfortants : « On a besoin de toi. » Exactement ce que l'abbé Pierre professait : « Viens m'aider à aider ! »

Lors d'une visite destinée à nous évaluer, Nicolas Coiffier, d'Emmaüs, a retrouvé, ému, la genèse des communautés contestataires nées dans un champ ou un squat. « Camping Cédric Herrou, bienvenue ! » : notre écriteau au bas du chemin, traduit en arabe et en tigrigna, lui rappelait la fameuse pancarte « Association de campeurs – PERMIS DE VIVRE ! » plantée par l'abbé Pierre sur un terrain squatté.

Rentrer dans le rang ?

– Grâce à l'étiquette Emmaüs, tu émerges de ta période « clivante », m'assura un journaliste.

Jusque-là, nous nous étions sentis incompris, voire rejetés, par les structures associatives plus classiques. Elles nous trouvaient trop marginaux, trop provocants, trop insoumis. Là, le regard général se modifiait, l'hostilité des élus locaux s'estompait. Dans leur optique, Cédric Herrou s'était assagi. Il rentrait dans le moule. Avant, il aidait les méchants Noirs et les futurs terroristes ; maintenant, il accueillait sept gentils SDF dans des cabanes en bois. Certes, disaient-ils en substance, la Roya a souffert de l'action de cet éleveur de gallinacées. Par sa médiatisation, il a créé « la vallée des migrants », un deuxième Calais, et sali son image. Mais il a rejoint Emmaüs, et nous ne pouvons que nous en féliciter.

53.

La terre aux paysans

Les oliviers n'ont rien donné durant trois ans, comme s'ils s'étaient mis en hibernation pour mieux nous observer. Et ils ont constaté que je n'en fichais pas une. De 2016 à 2018, avec toutes mes activités extra-agricoles, j'avais négligé leur entretien. Je le payais cash. L'olivier est là depuis cent ou deux cents ans; si on ne le taille pas, il ne produit pas. Simple. Il a vu du monde naître et mourir à ses pieds, il n'a pas besoin de toi pour vivre, au contraire. L'olive est le yoga niçois, elle apprend à rester zen.

Mes arbres ont survécu à deux guerres, aux migrations italiennes, à la déportation des habitants de la Roya dans le Piémont italien en 1939-1945... Un jeune paysan, peut-être le cadet de sa famille, les avait plantés dans une terre sevrée d'eau à laquelle on n'accède que par un petit chemin muletier. Les Breillois levaient un sourcil narquois quand il descendait au village, à une demi-heure de marche. Qu'était-il allé foutre dans cette galère? Ce petit prétentieux croyait-il qu'il suffisait de parler aux arbres?

Pedzouilles et pétrousquins

Obstiné, le jeune homme creusa la roche avec ses voisins pour dessiner un canal de six kilomètres de long depuis le ruisseau de la Lavina. L'eau y roulait, portée par une pente constante, comme sur une piste de bobsleigh. Elle devint le sang de sa terre. Ces pionniers s'imaginaient déjà être la fierté et la richesse des générations futures. Ils avaient tort.

La guerre laissa les ronces envahir le terrain, le canal se transforma en vestige, les oliviers séchèrent jusqu'à la plus haute cime. La génération pour laquelle le paysan avait planté préféra l'uniforme du fonctionnaire aux incertitudes de la terre, les lumières de la ville aux nuits opaques de la vallée. Seuls les ratés et les dingues s'adressaient encore aux oliviers ; seuls les culs-terreux, les bouseux, les pedzouilles, les pignoufs, les vilains et les pétrousquins pensaient que ces arbres assureraient toujours leur survie.

Le paysan ne pouvait imaginer qu'un rêveur monté de la ville reprendrait son travail abandonné. Que cet hurluberlu formé à la mécanique auto pioncerait dans le casoun, cette modeste maison de pierre où il s'abritait l'hiver durant la récolte des olives. Qu'il défricherait une jungle pour relancer l'activité agricole interrompue pendant soixante ans. Que la palabre avec les arbres mêlerait de nouveaux accents roumains, ivoiriens ou nigérians.

Dix tonnes

Après trois ans de silence, les fleurs réapparurent. L'olivier repart toujours après le feu, la foudre ou la sécheresse. Du haut de ses années, il pardonne nos erreurs et récompense nos efforts. Les petits fruits verts ont tenu jusqu'à l'automne malgré le vent, le cagnard et la sécheresse. Les olives ont bruni, les branches se sont courbées sous leur poids. On a étalé dessous les filets en acrylique vert et entouré les troncs avec le soin qu'on apporterait à border un vieillard endormi.

Charlotte s'arrêta au hasard d'un tour d'Europe à vélo. Elle se posa pour ne plus repartir. Avec Halefom, Yohannes, Patrick, Axel et Marion, elle commença la récolte, un grand succès : plus de dix tonnes à vendre au nom d'Emmaüs Roya. Dans les semaines suivantes, la terre fut bêchée, les courges, salades et carottes semées. Halefom et Yohannes nous quittèrent, d'autres les remplacèrent. Le mouvement était lancé.

Vivre avec des règles

Je déteste la routine. J'ai toujours des projets et je touche à tout, charpente, électricité, plomberie. Quand j'ai attaqué les poulets de chair en 2017, j'ai farfouillé sur YouTube pour découvrir comment les tuer et les vider. Mais aucun « tuto » n'a pu me donner de tuyaux sur le nouveau rôle que nous avons endossé, avec Marion, en septembre 2019 : celui de « co-responsables de communauté Emmaüs ». Voilà quinze ans que je travaillais seul ; Marion sortait d'une école de management et savait gérer des équipes. J'avais la connaissance de la terre ; elle n'avait jamais planté une graine. Nous avons appris ensemble cette nouvelle forme d'accueil, cette communauté centrée sur l'homme et la terre. Avec les « compagnons » et les bénévoles, de passage ou de long terme, nous avons mêlé nos expériences et nos horizons pour créer une entité où chacun puisse trouver sa place.

Moi qui n'ai jamais respecté aucune règle, je comprends désormais leur importance. La vie en groupe impose un cadre à l'intérieur duquel chacun peut évoluer. En cas de non-respect, les compagnons attendent des sanctions. Souvent, ils considèrent Emmaüs Roya comme leur famille. Avec Marion, nous devons assumer ces changements. Je ne suis plus le paysan solitaire et anarchiste, j'apprends à apprendre, à déléguer, à pardonner et à récompenser.

À 7 h 30, les cabanes s'ouvrent. Une petite toilette, un café ensemble, quelques tartines. On s'étire avec les chats, on bâille en guettant le soleil qui se planque encore derrière la montagne, on discute ou on ronchonne. On caresse les chiens ou on les envoie balader, on écarte les oies, qui ont encore cagué sur la terrasse. Après la répartition des tâches, on attaque à 8 heures d'un bon pied.

Sauf quand l'ancienne vie me rattrape.

Onzième garde à vue

Ce samedi 26 octobre 2019 démarre comme les autres, avec le départ pour le marché hebdomadaire d'Emmaüs Saint-André, près de Nice. Nous lançons toujours cette « mission spéciale œufs-tapenade » avec une heure d'avance pour anticiper les contrôles au péage de La Turbie, le premier après la frontière. La police nous arrête systématiquement. Suspicieuse, elle tergiverse de longues minutes devant nos documents administratifs. Ils émanent pourtant de l'État.

Yacoub exhibe son justificatif de la PADA pour un prochain rendez-vous en préfecture, Aziz son récépissé de demande d'asile. Le duo est en règle, mais les CRS chipotent, comme à l'accoutumée. Marre de ces instants perdus. Je filme au portable. Le ton monte, je me retrouve la face écrasée sur le capot du fourgon, direction Auvare, le commissariat central de Nice. Menotté comme un gangster, mes empreintes relevées, les photos de face et de profil enregistrées dans un énième dossier.

Cette onzième garde à vue pour « aide à l'entrée de personnes en situation irrégulière » dure des plombes. Les compagnons sortent libres ; pourquoi suis-je toujours retenu ? Un poil énervé, je briefe l'officier de la PAF sur ce droit des étrangers qu'il méconnaît. Se retrouver en garde à vue, passe encore ; mais je ne supporte pas d'être enfermé par incompétence. Ironique, il suggère de me présenter aux élections pour changer les lois.

– Pas besoin, il suffit de former la police pour qu'elle les applique !

En fin d'après-midi, je suis libéré sans poursuites. Encore une journée de perdue… Je récupère la camionnette avec les légumes invendus. Et le manège continue. Je subis deux nouveaux contrôles en remontant vers la Roya, au péage de Vintimille et au poste-frontière de Fanghetto. Quand j'atteins la maison, à une heure du matin, mon compte Twitter déborde de messages de soutien. Les dons spontanés ont afflué, ils compensent largement la perte financière que représente la nourriture gâchée. Plus le préfet nous persécute, plus nous récoltons de dons ! Merci à toutes et tous. C'est ainsi que le papillon résiste au rouleau compresseur.

54.

Le Bol d'air

Notre deuxième résidence a déjà un nom : le Bol d'air. Cet ancien moulin à farine et à huile d'olive situé au milieu de Breil, en bordure du fleuve et du camping municipal, concrétise un de nos souhaits les plus chers. Au CCH, l'isolement nous pèse. Nous voulons sortir du ghetto, montrer notre travail et notre utilité, combler l'écart creusé avec les habitants par les années de combat.

Certains « locaux » n'ont guère apprécié que la Roya se retrouve sous les feux de l'actualité, stigmatisée comme « la vallée des migrants » ; ils craignent que cela ne fasse fuir les touristes. Nous estimons au contraire que cette « célébrité » est bénéfique. La Roya est devenue la vallée de la solidarité, et le Bol d'air en sera le symbole, comme un porte-drapeau.

Fausse route aux Platanes

Nous avons eu du mal à dénicher un lieu pour installer le Bol d'air. Dans un premier temps, nous visions un petit bar-restaurant situé à Fontan et tenu depuis des lustres par un couple haut en couleur, Émilienne et Robert. L'enseigne des Platanes précisait « Relais motards », mais je suppute que nombre d'entre eux filaient sans s'arrêter : les platanes attirent rarement les motards, sauf pour une embrassade mortelle…

L'antique bâtiment revêtait un aspect incongru. Une petite salle et un parking démesuré, une grande véranda construite à la va-vite, de larges terrasses verdoyantes jusqu'à la rivière, avec framboises et patates. Un des derniers lieux authentiques de la vallée, embelli par des journaux jaunis collés aux murs. Émilienne posait sur les photos aux côtés de Michel Delpech ou de Richard Anthony. Ajoutez à cela le bruit d'enfer de la vétuste machine à café et les ronchonnements continuels de Robert, et vous aurez une petite idée de l'ambiance. Celui-ci passait ses journées à cloper à l'intérieur tout en maugréant contre Émilienne. Il estimait qu'elle « parlait trop » et faisait son « show », notamment lorsqu'elle déclinait tous les plats de la carte avant de grommeler : « Vous ne pouvez pas tous prendre pareil ? Ça me faciliterait la tâche ! »

Bizarrement, bien qu'elle fût hostile aux immigrés, « qui ont une carte de crédit et dorment en hôtel alors que personne ne s'occupe de nous », Émilienne soutenait notre projet. Peut-être l'envie de former des Nigérians à la préparation de ses délicieux barbajuans – ces chaussons frits farcis de blette, d'épinard et de ricotta ? Notre offre, en tout cas, semblait enchanter les propriétaires, qui cherchaient à vendre depuis longtemps. Jusqu'à ce coup de téléphone.

– On a reçu une autre proposition assez ferme et avec… certaines obligations, bégaya la proprio, un peu honteuse. Au prix qu'on voulait.

Cela sentait le coup foireux.

– Quelqu'un de la vallée ?

– Euh, oui… La mairie.

Philippe Oudot, maire divers droite de Fontan depuis 2014, gérait l'autre bar-resto du village. Et il ne voulait pas de nous. Il s'empressa de solliciter le grand manitou du conseil départemental, Éric Ciotti. Devenu député, celui-ci avait lâché la présidence du département pour obéir à la règle du non-cumul des mandats, mais il gardait la main sur la commission d'attribution des subventions, qui alloua une belle somme à la mairie pour contrer notre projet.

Résultat : pas de Cédric Herrou ni d'Emmaüs Roya à Fontan, un bar-restau concurrent en moins. Tout cela avec l'argent du contribuable, car la commune s'endetta à hauteur de la moitié de son budget. Plus triste encore, elle se sépara du couple de gérants. Peu de temps après, Robert fut victime d'un AVC. Heureusement, il a survécu. Les Platanes, en revanche, sont venus allonger la liste des lieux abandonnés dans la vallée…

Le contraire de l'utopie

Un beau jour, nous avons trouvé la perle rare grâce à notre rencontre avec Sylvain G., un ami de Michel Toesca. Cet architecte et photographe fortuné aurait pu s'acheter une résidence, un bateau, de grosses bagnoles ou – que sais-je – des cargaisons de slips ! Mais il désirait monter une structure d'accueil où les sans-abri se réhabiliteraient grâce au travail agricole. Il n'avait pas encore réussi à faire aboutir son projet lorsqu'il a vu *Libre* et s'est dit : « Cédric est le genre de type qui pourrait créer ça. »

Grâce à son apport financier déterminant et au soutien d'inconnus qui nous ont donné cinq, dix ou cent euros, nous avons créé une fondation. Elle a acquis cinq cents mètres carrés de bâtiments désaffectés dont Emmaüs Roya sera locataire. Quand ces locaux auront été mis aux normes, au prix de centaines de milliers d'euros de travaux, ils accueilleront des ateliers agricoles, une « micro-ferme » ouverte au public, un espace de vente directe et deux étages d'hébergement pour une dizaine de compagnons.

J'entends encore mes profs et procureurs, le regard empli de colère, me répéter à tue-tête : « Monsieur Herrou, vous êtes un idéologue, vous vous foutez de l'autorité ! » Aujourd'hui, cette idéologie qui se fiche de l'autorité passe à l'action. Alternative à ce monde que je fuis depuis ma plus tendre enfance, le Bol d'air sera un lieu en mémoire de madame Barberis, ma voisine de l'Ariane qui me contait l'agriculture oubliée, de mes copains de classe, Beurs, Noirs, fils et filles de précaires ou enfants délaissés, et de mes années d'adolescence, lorsque nous manquions d'endroits où nous rassembler. Jeunes et vieux y échangeront pour mieux se comprendre.

Ce petit bout de terre au milieu de nulle part, coincé entre deux frontières, n'offrira peut-être qu'un modeste bol d'air, mais qui emplira la tête de ceux qui croient n'être plus rien. Ils s'y retrouveront une heure, une semaine ou une année pour partager des idées, une partie de boules ou de cartes, un repas, un café ou une baignade dans l'eau turquoise de la Roya. L'essence de la simplicité : se faire plaisir pour libérer son esprit.

55.

« Change ton monde »

J'avais rejoint la Roya pour y vivre mes rêves de gosse sans me soucier du monde, coupé de tout dans mon refuge. J'ai croisé des exilés, et tout a changé. Avant ces quatre années qui ont bouleversé ma vie, je n'avais jamais parlé de « racisme d'État », jamais vu un centre de rétention, jamais fait la queue dans une préfecture pour demander une régularisation, jamais côtoyé un étranger sans papiers. J'ai vécu quatre années en conflit avec ce racisme, si pernicieux que ses acteurs ne s'en rendent plus compte.

À chaque passage de frontière, des larmes sèches et fossilisées me brûlaient. J'ai choisi l'accueil en souvenir de mon arrière-grand-mère italienne, qui a perdu son bébé en traversant clandestinement les Alpes, en souvenir de ma grand-mère allemande, enfermée par la Gestapo. Pour elles et pour mes parents. Si j'avais laissé ces enfants au bord de la route, ma mère m'aurait engueulé. J'ai préféré affronter la violence des procureurs.

En côtoyant des exilés, j'ai appris la souffrance d'être séparé de sa terre, de ses repères et de sa culture. De survivre avec un traumatisme enfoui que peut révéler une tragique décompensation, des années plus tard. La France semble parfois considérer qu'ils sont venus en avion chercher une existence plus confortable. Non. La migration n'est pas une activité touristique ni un luxe de privilégiés, c'est un drame qui nous laisse face à trois options : se persuader qu'on n'y peut rien, juger que ces hommes et femmes sont de trop dans notre pays, ou agir, oser la fraternité, combattre l'inacceptable pour ne pas en être acteur, empêcher que l'Histoire se répète par indifférence et égoïsme.

J'ai compris qu'un même désir nous rassemblait : la liberté. Leur liberté a besoin de la mienne, et réciproquement. Elle les a menés à l'exil, la torture, la noyade parfois. Pour moi, elle n'existe que dans le partage. Si je claque ma porte, je dis adieu à ma liberté. Je l'ouvre de peur qu'elle ne s'enfuie, plus par lâcheté que par courage. Sinon, je perds mes valeurs.

Il y a, comme moi, des milliers d'hommes et de femmes à travers le pays. Vieux, jeunes, pauvres, riches, catholiques, bouddhistes ou musulmans, avocats, infirmières ou boulangers, mécaniciens, paysans, huissiers ou plombiers, ils œuvrent en silence, parfois en cachette. Organisés en associations et en collectifs, ils incarnent une France qu'on voit peu dans les médias. On les appelle bénévoles, aidants, solidaires. Cathos de droite ou « punks à chien », ils ouvrent des lieux désaffectés pour héberger, protéger, considérer les exclus et les sacrifiés. Sans le savoir ni le vouloir, ils lavent l'honneur de la République.

Déceptions

J'ai vu à Grande-Synthe, dans le Nord, des dizaines de personnes accourir au bout d'un cul-de-sac ; en quelques secondes, elles étaient des centaines, comme des fantômes déboulant du maquis. Elles se bousculaient pour une assiette distribuée par Emmaüs et d'autres associations dans ces campements de fortune qui ont remplacé la « Jungle » de Calais, détruite début 2016. Les plus forts se ravitaillaient plusieurs fois, les plus faibles ne mangeaient pas. Triste spectacle d'une cohue symbolisant notre société. Les costauds se gavent, les malingres crèvent. Les riches s'offrent un passeur, les pauvres jouent leur vie. Les individualistes sont maîtres, les autres se font mettre.

Au milieu de tout cela, Aatifa, seize ans. Cette jolie Érythréenne tentait depuis un an et demi de rejoindre son frère en Angleterre. Délaissée, elle errait de camp en camp, soumise à des viols réguliers. Le viol lui paraissait presque « normal », comme une routine, puisque personne n'y changeait rien. Comment la sortir de là, lui redonner le contrôle de la situation ? J'imaginai de l'embarquer dans mon véhicule et de traverser la Manche. Impossible. Je rageais devant mon impuissance et m'interrogeais sur l'utilité de mon parcours.

J'ai contribué à rendre visibles ces personnes, que les autorités ne voulaient pas voir. Leurs droits ont progressé, mais l'État et la justice nous interdisent toujours d'être solidaires, entravent notre liberté d'être fraternels. Pour qui se prennent-ils ? Ces exilés ont-ils commis un délit ? Non. La migration représente un fait, rarement un choix ; elle est surtout un droit que garantit l'article 13 de la Déclaration universelle des droits de l'homme. L'Europe aura beau la combattre, elle n'en viendra jamais à bout. Nos frontières ne sont pas des vannes qu'il suffirait de condamner pour éradiquer le flux.

Focalisation

J'ai mal à ma France. Les exilés ont connu les bombes, l'odeur de la chair brûlée, les amputations, la torture, et on les laisse crever en pensant que leur misère ne nous contaminera pas. L'asile n'est pas une migration classique. Tout retour au pays implique un risque de persécution, d'enfermement, de mort. Des politicards racialistes s'en servent comme d'un joujou et stigmatisent les exilés comme on évoque le loup, une espèce qui se déplacerait en meute et se bousculerait à nos frontières. À travers leur traitement de la question, j'ai compris la vision que la plupart des hommes de pouvoir ont de nous, la « France d'en bas ». Les exilés sont le miroir sombre de notre société.

À l'été 2020, le nouveau ministre de l'Intérieur, Gérald Darmanin, a annoncé la création d'une « brigade mixte » à la frontière. Travaillant main dans la main, policiers italiens et français empêcheraient les passages depuis Vintimille. Rien de nouveau sous le soleil. Il y a quatre ans, c'est une patrouille de ce style qui m'a valu ma première interpellation… Les dirigeants refourguent continuellement les mêmes plats, dans le seul objectif de créer un dérivatif. Ils se focalisent sur l'immigration pour éluder les sujets qui fâchent. Et conditionner l'opinion.

Il est devenu normal d'enfermer, de maltraiter, de pourchasser, de nous reprocher d'« aider des migrants », comme s'ils n'étaient pas des hommes. Normal de diviser la population entre « pro » et « anti »-migrants ou entre « pro » et

« anti »-frontières. Que de fausses routes, alors que les choses sont si claires ! L'accueil repose sur le pragmatisme, pas sur la bien-pensance ou l'idéologie. Quant aux frontières, je ne souhaite pas les dynamiter, juste questionner leur sens. Si elles protègent les personnes et les droits sociaux, j'y suis favorable. Si elles blessent la dignité humaine, je les combats.

Interrogations

Ces quatre années m'ont permis de passer du « moi » au « nous », et cela change tout. Mon petit havre de paix ne m'appartient plus, j'ai laissé ma propriété au bien commun. Et j'ai les moyens de construire des projets comme celui du Bol d'air. Il était déjà dans ma tête, mais je n'aurais jamais pu le réaliser sans les soutiens accumulés.

Sous les oliviers, nous binons, sarclons, plantons, nourrissons la terre. Nos tomates ont la saveur de la considération et de l'autonomie. Nous vendons nos récoltes avec fierté, partageons les joies du paysan qui donne la vie et la protège. Je suis heureux d'être sorti de mon idéal de vie égocentrique. Mes vingt ans de boulot servent aux compagnons, qui reprennent chaque jour goût à la vie, apprennent à s'organiser en collectivité, à vivre du fruit de leur travail.

Mon ambition n'est pas de reconstruire l'individu, juste de lui offrir un cadre où il puisse disposer du temps nécessaire pour surpasser ses traumatismes. Mais je sais que, à la nuit tombée, seuls dans leur maisonnette en bois, les compagnons s'inquiètent de leur avenir, de ces papiers qu'ils n'obtiendront peut-être jamais, de leur famille dont les visages s'estompent un peu plus à chaque crépuscule, malgré eux.

L'exil les a écartelés entre plusieurs mondes. L'ancien qu'ils ont fui, ceux qu'ils ont traversés en luttant pour leur survie, et cet univers de paysans révolutionnaires perchés sur leur montagne où ils commencent à prendre racine. Ils tentent d'homogénéiser ces mondes pour n'en créer qu'un. Cela revient à agglomérer plusieurs terres en nuances colorées.

Comme des potiers de patience armés d'eau et d'argile, ils colmatent la terre accrochée à leurs pensées, espérant créer un pot unique qui accueillerait une nouvelle plante. La nuit, le silence sèche leurs souvenirs et laisse transparaître quelques fissures, invisibles à l'œil nu. Ce pot ne verra peut-être jamais germer de graines, ou bien il prendra la poussière sur un étal oublié. Mais cela vaut la peine d'essayer, même si je préfère ne pas imaginer leur futur de peur de finir comme eux, fissuré.

Exploitation

Mars 2020. Les Français sont tétanisés, les étalages des magasins quasi vides, le monde tourne au ralenti. Deux milliards et demi d'humains confinés, un tiers de la population mondiale. Je pense à nos semis, aux salades, aux fleurs de cerisier qui risquent de geler, à Mia, la chienne de la communauté : mettra-t-elle bas sur le canapé en cuir bleu de la terrasse ou sous une caravane ?

Sur la route en contrebas, les voitures ne circulent plus en ce début de nuit. Les chats savourent près du poêle ce moment chaud, doux, silencieux. Les compagnons téléphonent à leurs familles, préparent le repas du soir ou se purgent, sous la douche, de la terre, du fumier et des brindilles de paille. Notre communauté traverse cette crise sans la ressentir ni la subir. Rien n'a changé ! Seul regret : pour une fois que nous pouvons être comme les autres, les autres sont, à leur tour, cachés.

J'espère que le monde prendra acte de cet avertissement. La nature ne se venge pas ; elle s'adapte à l'exploitation abusive de l'écosystème bien plus rapidement que nous, qui en sommes à l'origine. Les animaux sauvages fuient l'action humaine, les espèces se croisent, les virus s'adaptent à la vitesse de l'éclair, puis nous contaminent.

Face à ces menaces, Emmaüs Roya pourrait se barricader, mais l'autarcie contredit notre philosophie. Nous ne faisons pas d'intégration, nous construisons un monde intègre et solidaire. Et les crises, nous les encaissons depuis quatre ans : la gale, la tuberculose, les blessures dues aux tortures, les perquisitions, les procès, le harcèlement policier, les gardes à vue, les menaces… Malgré tout, nous continuons à lutter. Sans désir de gagner, juste pour vivre heureux.

Contagion

Avec le confinement, notre mission a pris son sens plus rapidement. Propulsés acteurs de la souveraineté alimentaire, les « rebuts » mettent les bouchées doubles pour réapprovisionner nos magasins partenaires. Cette société qui les marginalise a besoin d'eux. Plus qu'une solution à la précarité, Emmaüs représente une alternative. Il nous appartient d'aller plus loin, de ne pas nous contenter d'héberger, de nourrir et de retaper une dizaine de personnes. Nous devons donner envie à d'autres, être contagieux au-delà de notre petit monde, construire un idéal politique alternatif face à un système qui laisse les plus vulnérables au bord de la route.

L'agriculture n'est qu'un prétexte, d'autres horizons nous attendent. Pour les atteindre, une condition : changer nos modes de production, de vie et d'interaction. Les grands prêtres de la machine néo-libérale ne sont pas les seuls responsables de la débâcle. On acquiert une bagnole, des chaussures, un sac ou un slip comme un junkie se jette sur une dose avant la suivante. Les dieux du super-pouvoir d'achat nous ont convaincus que, pour sortir du trou, il faut creuser, creuser encore, alors qu'il suffirait de s'arrêter et d'apprécier ce à quoi nous tournons le dos.

Chacun d'entre nous, par sa consommation et ses choix, pèse dans la balance, moi le premier qui, à un moment donné, avais perdu le contrôle. Qu'est-ce que je produis et consomme ? À qui je refile mon pognon ? Nous privilégions les biens qui respectent nos valeurs et n'acceptons plus certains dons. Pas question de vivre des miettes de ceux qui créent la précarisation.

Consommation

Et si l'on politisait la consommation pour décider qui doit prospérer ? Si l'on instillait l'envie de reprendre ces petits commerces fermés et ces exploitations agricoles abandonnées ? Je rêve du jour où nous acterons ce bouleversement, non pas à l'aide de beaux discours, mais en boycottant ceux qui nous méprisent et nous précarisent.

Je ne veux pas être un outil qui colmate sans remettre en question ceux qui ébrèchent, je veux être révolutionnaire. Il est urgent de choisir le monde que nous désirons, de recréer des structures à taille humaine, de développer le local.

Depuis des décennies, les scientifiques alertent sur la déforestation ou l'agriculture intensive ; nous n'écoutons pas et continuons de rouler en SUV, climatisation à fond, de décoller pour un week-end à Barcelone ou à Marrakech, d'acheter des denrées acheminées depuis l'autre bout de la planète.

Nous asservissons la terre et les hommes, nous insultons ce monde avec arrogance. Trop facile de critiquer les prédateurs, ces 2 % d'individus qui détiennent 50 % des richesses. Nous les avons encouragés avec notre argent, notre unique pouvoir. Continuer à le leur donner ne sert qu'à les flatter.

Transition

Ma révolution a commencé le jour où ma mère m'a lancé : « Avant de vouloir changer le monde, change *ton* monde. »

J'avais douze ans, j'étais en pétard contre la planète entière. Son conseil me perturba. Il révélait mes incohérences et me désignait comme complice du statu quo, puisque mes dénonciations du « système » n'apportaient aucune solution efficace.

Selon certains, la révolution aboutira quand nous descendrons dans la rue pour tout péter ; mais ont-ils réfléchi à ce qu'ils désirent construire ensuite ? On ne gagne rien à attaquer à coups de barre de fer les banques et autres incarnations de l'ultra-libéralisme. Ne comptez pas sur moi pour tabasser du flic ou du facho dans une révolution de gamins colériques. Ma barre de fer, ce sont mes semences.

Après des années, j'ai compris ma mère et modifié mon petit monde. Ne confondons pas : la révolte n'est pas forcément créatrice de révolution. Je n'ai pas assez la haine pour me révolter, mais j'ai assez de joie pour me révolutionner. Certes, ma vision est celle d'un homme qui peut librement choisir la non-violence. Je ne condamnerai pas la violence si elle se révèle être l'unique solution. Mais elle m'effraie, car elle représente une fin en soi. Si j'utilise cet outil radical de changement, je lui appartiendrai tôt ou tard.

L'homme qui use de terreur est condamné à la terreur. Le changement réel, lui, est acté par le pardon. La rancœur appartient à la révolte, le pardon à la révolution. J'espère une révolution pérenne qui s'appellerait « transition ». Mettons le vieux monde sur la touche, aidons la population à prendre conscience de son pouvoir, et cette transition deviendra révolutionnaire.

Chronologie judiciaire

11 août 2016. Première interpellation avec huit personnes migrantes d'origine érythréenne et sans papiers d'identité à bord de mon véhicule. Affaire classée sans suite au motif de l'« immunité humanitaire » prévue par la loi.

20 octobre 2016. Évacuation du squat des Lucioles, un immeuble désaffecté de la SNCF situé à Saint-Dalmas-de-Tende. Un centre d'accueil temporaire y avait été installé par plusieurs associations, dont Roya citoyenne, Médecins du monde, Amnesty International, Association pour la démocratie à Nice (ADN), Habitat & Citoyenneté, Réseau éducation sans frontières (RESF), Cimade 06, MRAP 06 et la Ligue des droits de l'homme (LDH). Premier placement sous contrôle judiciaire, avec interdiction de quitter le département des Alpes-Maritimes et de conduire un véhicule. Ma camionnette est saisie par la police.

12 novembre 2016. Lors de la Faites de la liberté, à Breil, j'emmène avec moi des mineurs isolés afin d'alerter la population. Ils sont arrêtés par les gendarmes et renvoyés en Italie. Je suis convoqué à une audition pour « trouble à l'ordre public ».

1er décembre 2016. Plainte contre X déposée par plus de deux cent cinquante personnes de la vallée pour « délaissement de mineurs isolés ».

4 janvier 2017. Première comparution en correctionnelle pour l'affaire des Lucioles.

19 janvier 2017. Troisième interpellation, avec quatre demandeurs d'asile, près du PPA de Saint-Gervais. Libéré sans charge après quarante-huit heures de garde à vue et une perquisition.

10 février 2017. Condamnation à une amende de trois mille euros par le tribunal correctionnel de Nice dans l'affaire des Lucioles pour « aide à l'entrée, à la circulation et au séjour irrégulier d'un étranger en France ». Le parquet fait appel.

31 mars 2017. L'État est condamné pour avoir refusé d'enregistrer la demande d'asile d'une famille érythréenne.

Avril 2017. Entrée en vigueur du protocole mis au point avec la gendarmerie de Breil-sur-Roya, permettant aux personnes en exil arrivées dans la vallée de se rendre à Nice et d'accéder à la demande d'asile.

Mai 2017. Plusieurs postes fixes de gendarmes mobiles encerclent ma ferme. Ils contrôlent nos allées et venues et tentent d'empêcher l'accès des exilés.

9 juin 2017. Olivier Bettati, élu de droite soutenu par le Front national, demande la dissolution de Roya citoyenne devant le tribunal de Nice.

21 juin 2017. Quatrième interpellation, cette fois en compagnie d'un journaliste anglais, Spencer Wolf, et de deux mineurs que nous conduisions à un entraînement de football à Breil-sur-Roya. Je ressors libre et sans poursuites après vingt-quatre heures de garde à vue.

6 juillet 2017. Cinquième interpellation tandis que je conduis avec deux exilés à bord. Libéré sans poursuites après vingt-quatre heures de garde à vue. Cette interpellation a lieu juste après la publication sur les réseaux sociaux de la vidéo « Aller-Retour », dans laquelle nous dénonçons le renvoi illégal et systématique de mineurs en Italie.

Week-end des 22-23 juillet 2017. Deux cent cinquante personnes en exil sont hébergées au CCH.

24 juillet 2017. Interpellation en gare de Cannes avec cent cinquante-six demandeurs d'asile qui se rendaient à Marseille.

25 juillet 2017. Quatrième perquisition à mon domicile.

26 juillet 2017. Mise en examen à Grasse pour « aide à l'entrée et à la circulation d'étrangers en situation irrégulière ». Je suis placé sous contrôle judiciaire, avec interdiction de quitter le territoire français, interdiction d'accéder aux gares et aux parvis des gares des Alpes-Maritimes, et obligation de pointer à la gendarmerie tous les quinze jours.

8 août 2017. Condamnation dans l'affaire des Lucioles par la cour d'appel d'Aix-en-Provence à quatre mois de prison avec sursis et mille euros de dommages-intérêt à la SNCF pour « aide à l'entrée, à la circulation et au séjour irréguliers d'un étranger en France » et « installation en réunion sur le terrain d'autrui [la SNCF], sans autorisation, en vue d'y habiter ».

17 août 2017. Convocation à une audition libre à la police de Nice, car « soupçonné d'avoir commis ou tenté de commettre l'infraction d'injure publique envers un fonctionnaire dépositaire de l'autorité publique ». Cette convocation fait suite à une plainte déposée par le préfet après un post sur mon compte Facebook en juin 2017 : « Peut-être que le préfet des Alpes-Maritimes pourrait s'inspirer des accords avec la SNCF pendant la 2e guerre pour le transport des juifs pour gérer le transport des demandes d'asile. »

12 septembre 2017. Garde à vue pour « violences » et « séquestration » après la plainte d'un passeur que nous avions dénoncé et remis aux gendarmes. Cinquième perquisition. Remise en liberté le lendemain sans poursuites.

30 septembre 2017. Vingt-quatre heures de garde à vue après la plainte d'un opposant pour violences.

19 janvier 2018. Placement en rétention judiciaire pour inexécution de mon contrôle judiciaire après une interpellation au péage de La Turbie.

6 juillet 2018. Le Conseil constitutionnel consacre le « principe de fraternité ». Il estime qu'on peut aider un étranger sans lui demander ses papiers et réduit la portée du « délit de solidarité ».

12 décembre 2018. Annulation partielle par la cour de cassation de Paris de ma condamnation par la cour d'appel d'Aix-en-Provence en application de la loi du 10 septembre 2018, qui tire les conséquences de la décision du Conseil constitutionnel du 6 juillet 2018. Je suis renvoyé devant la cour d'appel de Lyon pour y être à nouveau jugé.

14 février 2019. Relaxe par le tribunal correctionnel de Nice dans le cadre de la plainte du préfet pour injure publique. Ma « méthode provocatrice mais maladroite » ne comportait ni « volonté d'insulter » ni « intention coupable », selon les juges.

15 octobre 2019. Relaxe confirmée par la cour d'appel d'Aix-en-Provence.

26 février 2020. Annulation par la Cour de cassation de la condamnation de Raphaël Faye, arrêté alors qu'il conduisait quatre exilés chez moi. Pour la Cour, une « action non spontanée et militante exercée au sein d'une association » n'empêche pas l'immunité.

13 mai 2020. Relaxe par la cour d'appel de Lyon dans l'affaire des Lucioles.

22 mai 2020. Pourvoi en cassation du parquet général de Lyon.

8 juillet 2020. Relaxe par le tribunal judiciaire de Grasse après une plainte pour injure et diffamation déposée par le député LR Éric Ciotti. En juin 2018, il appelait à renvoyer vers la Libye les bateaux portant secours aux migrants en Méditerranée. J'avais alors publié deux tweets : « J'ai trouvé le plus gros porc français pour accueillir tout le misérabilisme du monde !! @ECiotti champion du monde !!! » Et : « Quand @ECiotti dit en 2018 "mettons les migrants en Libye" il dirait en 1940 "mettons-les dans les chambres à gaz". » Éric Ciotti interjette appel, le parquet suit.

13 juillet 2020 : enfin une bonne nouvelle, les tomates sont mûres !

Table

Si vous souhaitez être tenu informé des parutions
et de l'actualité des éditions Les Liens qui Libèrent,
visitez notre site :
http://www.editionslesliensquiliberent.fr

Composition : In folio

Achevé d'imprimer en octobre 2021
par Normandie Roto Impression s.a.s.
Dépôt légal : novembre 2021
N° impr : 2104874
Imprimé en France